人間福祉の視点から
介護福祉を考える

山岡喜美子 著

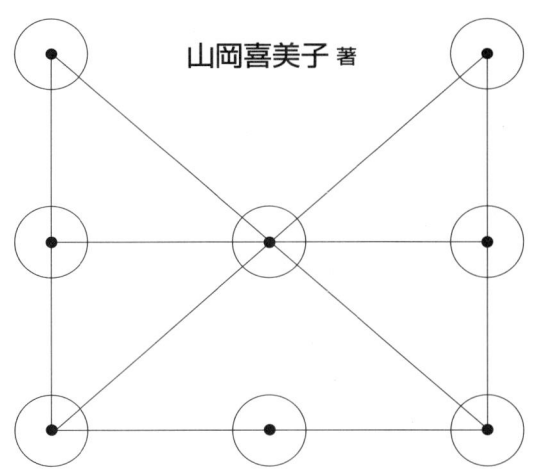

大学教育出版

はじめに

　福祉の世界に入り、まず感じたのは、低所得の人ばかりに視点が置かれているということであった。福祉とは、「国民皆の幸せ」のことであろうと思っていたので、低所得の人が対象であるということに、何か不自然なものを感じた。
　私の故郷は愛媛県と広島県の県境に近い、しまなみ街道の小さな島であった。子供の頃から弘法大師の教えに基づき人々は接待の心を持ち、人には親切にするものという教育が自然に行われていた。普段は、特別に何かをする訳でもないが、何かあると近所や親戚が寄り合い、助け合う土地柄であった。親戚の人が一人で住んでいるとおかずを届け、すしを作ると、おすそ分けをするのが当たり前の生活であった。地域でお互いの生活を支えていたのである。
　高度成長期に入り若者が都市に流出し、郡部はどこも高齢化している。この高齢化を乗り切るためには、近所や親戚で解決していくことも必要だが、プロの介護職による介護も必要不可欠である。かっては何処にでも見られた人と人の繋がりを、何時の頃か日本人は忘れてしまっているのではないだろうか。現代の日本人はお金を出せば何でも買えると思い込んでしまっている。本当にそうであろうか。自分で金を稼ぎ、自由に生活できるときは何の不自由も無いかもしれない。
　でも、ひとたび身体的にあるいは精神的に自立できなくなると、何らかの援助が無くては生きていけないのである。その時初めて人間の優しさ、いたわりなどが必要なことに気付くのである。
　本当に援助を必要とした時、自分の意思を無視し、自由を束縛されることは悲しく、辛いことである。どうすることも出来なくなると諦めて我慢するか、抵抗して逃げ出したり暴言暴力を行使するのである。
　介護保険はこのように援助を必要とするようになったとき、諦めることの無い、自分の意思で生活できる人となるように援助する必要性を唱えている。
　そのような援助の出来る人を育成することが教育には求められている。

本書を出版することを引き受けて下さった大学教育出版　佐藤守代表取締役に対して心からお礼申し上げると共に本書を書くにあたり豊田美香さん、宇野真智子さん、きのこ老人保健施設（以後きのこ老健という）、くわのみ荘、長生園の皆様には大変お世話になり、深く感謝するしだいである。

　　平成17年2月28日　　　　　　　　　　　　　　　　　　　山岡　喜美子

人間福祉の視点から介護福祉を考える
目　次

はじめに ……………………………………………………………………………… i

第1章　介護福祉の動向と現代社会 …………………………………………… 1

第1節　ホームヘルパーの現場から人との関わりに目覚めて ………………… 1
1．自分らしさを大切にした援助　1
2．介護職の思い　1
3．ユニットケア是非論　2

第2節　介護保険導入により変化した訪問介護 ………………………………… 3
1．訪問介護はどうなるのか　3
2．介護保険前のホームヘルパー　4
3．介護保険直後のホームヘルパー　5
4．ホームヘルパー事業のその後の動き　6
5．民間のホームヘルプ事業所では　6
6．もう1か所の小さなヘルパーステーションを訪ねて　9
7．様々な形態でのホームヘルプ運営　10
8．今後のホームヘルパーの課題　11

第3節　家庭奉仕員からホームヘルパーの誕生 ………………………………… 12
1．自治体での取り組み　12
2．公的家庭奉仕員のはじまり　12
3．身体障害者家庭奉仕員派遣事業の制定　13
4．心身障害児童家庭奉仕員派遣事業　15
5．中央社会福祉審議会老人福祉専門分科会において　16
6．ゴールドプランと新ゴールドプラン　17
7．福祉法等関係八法の改正　18

第2章　介護福祉の実践訪問介護事例 ………………………………………… 20

第1節　ネットワークの中で看取るまで ……………………………………… 20
1．事例　20

第2節　嫁との折り合いの悪い夫婦への援助 ………………………………… 25
1．事例　25

- 第3節　日中独居ながらも親族とのふれあいのあるS子さん …………30
  - 1．事例　30
- 第4節　在宅を選択し、生活を楽しむ生きかたをみつけるまで …………34
  - 1．事例　34
- 第5節　姑と嫁の歴史と介護のむずかしさ …………37
  - 1．事例　37
- 第6節　自分の骨を誰に拾ってもらうのか …………39
  - 1．事例　39
- 第7節　尊厳ある人として …………41

第3章　介護福祉の精神障害者への援助 …………43
- 第1節　障害者のための訪問介護 …………43
  - 1．在宅福祉を考える専門職とホームヘルパー　43
  - 2．福祉事務所における在宅福祉サービス　45
- 第2節　精神障害者への援助 …………48
  - 1．はじめに　48
  - 2．精神障害者の状態像　48
  - 3．援助の目標　50
  - 4．精神障害者に必要な援助のポイント　50
- 第3節　精神障害者のケアの問題点 …………51
  - 1．精神障害者の事例2　51
  - 2．家事援助　53
  - 3．食事についての援助　53
  - 4．広がる生活　54
- 第4節　精神障害者へのホームヘルパー派遣を目指しての運動 …………55
  - 1．精神障害の症状　55
  - 2．精神障害者に必要な援助のポイント　55
  - 3．精神障害者への援助（事例1）　56
  - 4．精神障害者への援助（事例2）　60

第4章 介護福祉の介護援助技術 …… 63

第1節 食事の介護 …… 63
1. 食事介護の目的　*63*
2. 食べるという行為　*63*
3. 嚥下（えんげ）とは　*63*
4. 嚥下のメカニズム　*64*
5. 自力摂取が困難になる原因　*64*
6. 食事をおいしく食べる　*64*
7. 食事介助　*66*
8. 福祉用具の工夫　*67*
9. 障害に応じた食事介助　*68*

第2節 衣類着脱の介護 …… 68
1. 衣類着脱の介護の目的　*68*
2. 衣類を選ぶ　*69*
3. 衣類の着脱介護の留意点　*69*
4. 衣類の着脱介護の実際　*69*

第3節 身体保清の介護 …… 73
1. 入浴の介護　*73*
2. 部分浴　*75*
3. 全身清拭の介護　*76*

第4節 排泄の介護 …… 78
1. 排泄介護の目的　*78*
2. 排尿　*78*
3. 排便　*79*
4. 排泄の一連の動作　*79*
5. 排泄の自立を助ける福祉用具　*80*
6. 排泄介護の実際　*80*

第5章 海外から日本の介護福祉を考える …………………………………84

第1節 北欧の最近の老人福祉の現状 ……………………………………84
第2節 デンマーク・ホンショルム市・バリアスセンター ………………91
  1．バリアスセンター内の設置施設の概要　*91*
  2．コレクティブハウスについて　*91*
  3．コレクティブハウスのホームヘルパーの勤務形態　*93*
  4．その他の施設について　*94*
  5．北欧見て歩き　*95*
  6．おわりに　*97*
第3節 より良い介護を求めて－北欧の介護に近づける為に－ …………*97*
  1．はじめに　*98*
  2．介護の社会化　*99*
  3．在宅か施設か　*100*
  4．より良い在宅介護を求めて　*102*
  5．より良い施設介護を求めて　*103*
  6．ユニットケア　*103*
  7．これからの課題　*104*
第4節 オーストラリアの在宅福祉（HACC）と日本の介護保険 ……………*104*
  1．日本の介護保険　*105*
  2．オーストラリアのHome And Community Care（HACC）法　*105*
  3．調査（アセスメント）　*105*
  4．ケアマネジメント　*106*
  5．サービス内容　*106*
  6．職員の養成　*109*
  7．ホームヘルパーの養成　*109*
  8．介護保険の対象　*109*
  9．まとめ　*110*
第5節 高齢者・障害者の在宅サービスHACC ……………………………*110*
  1．オーストラリアの高齢者Victoria州の事例から　*111*

2．福祉の法制　*111*

　　　3．まとめ　*115*

　第6節　日本から見た海外の現状 …………………………………………*115*

　　　1．上手な医療のかかり方・選び方　*115*

　　　2．介護職から見た医療　*116*

　　　3．かかりつけ医に望むこと　*118*

　　　4．介護保険後のかかりつけ医　*119*

　　　5．今後の動向　*120*

第6章　ユニットケアによる介護福祉 ……………………………………*122*

　第1節　ユニットケアとの出会い ………………………………………*122*

　　　1．実習施設との最初の関わりで　*123*

　　　2．親しい施設との関わり　*123*

　　　3．施設を変えるのは職員の意識　*124*

　　　4．ユニットケアでの関わり　*125*

　第2節　ユニットケアを求めて …………………………………………*127*

　　　1．入浴について　*127*

　　　2．食事について　*127*

　　　3．排泄について　*128*

　　　4．まとめ　*129*

　第3節　ユニットケアで変わる施設介護 ………………………………*130*

　　　1．施設介護のあり方　*130*

　　　2．今の介護の問題点　*131*

　　　3．施設介護で始まったユニットケア　*132*

　　　4．グループホームにて　*134*

　　　5．施設から地域へ　*134*

第7章　介護保険時代における介護福祉を考える ………………………*135*

　第1節　訪問介護の業務のあり方―介護保険におけるヘルパー業務のあり方―…*135*

　　　1．介護保険の始まる前の問題点　*135*

2．要介護認定はこれでいいのか　*135*

　　3．ホームヘルパーの仕事とは　*136*

　　4．ホームヘルパーの仕事の方向性　*137*

　　5．介護保険が始まると　*138*

　　6．施設から在宅介護に移れるか　*139*

　　7．訪問介護（ホームヘルパー）が伸びない理由　*140*

　　8．訪問介護の基本的な考え方　*141*

　　9．まとめ　*142*

第2節　介護の質を考える……………………………………………*142*

　　1．ずっと考えていたこと　*142*

　　2．介護保険になって在宅での変化　*143*

　　3．介護保険になって施設での変化　*145*

第3節　高齢者介護のあり方……………………………………………*147*

　　1．介護は皆で支えよう　*147*

　　2．在宅介護で思うこと　*147*

　　3．施設介護について　*149*

　　4．どのような福祉社会を望むのか　*151*

第4節　介護保険の導入により変化した施設介護……………………*153*

　　1．北欧の介護と日本の介護の違い　*153*

　　2．良い介護を求めて　*153*

　　3．共感を覚える介護職員の熱心さ　*154*

　　4．高齢者の生活と自立支援　*156*

第5節　人間福祉のための介護福祉の将来像に向けて………………*157*

　　1．人間とは　*157*

　　2．福祉とは　*157*

　　3．自己責任の考え方　*158*

　　4．介護の方向性　*158*

　　5．報告しておきたいこと　*160*

　　6．最後に　*161*

第1章
介護福祉の動向と現代社会

第1節　ホームヘルパーの現場から人との関わりに目覚めて

１．自分らしさを大切にした援助

　在宅介護における対象者は、今まで自分でできていたことが高齢になるにつれ徐々にできなくなってきたという現実をうまく受容できず、悩んだり、不満をもらしたり、あきらめてしまう場合が多い。

　介護を行う者としては、悩みや不満を聞き、自分のできない行為をあきらめるのではなく、何らかのかたちで補って、自己実現してもらいたいと願っている。ともすると、周りの状態を考え、自分を殻に閉じ込めてしまう場合も少なくない。

　われわれ介護職としては、対象者の気持ちを理解し、死を迎えるまで生きがいをもって生活してほしいと願うものである。

２．介護職の思い

　介護保険になり、スウェーデンモデルに移行しつつあるが、今までの流れ作業式介護から個人に目を向けた、利用者本位の介護に成りつつある。介護の現場を回り、大切なのは高齢者や障害者の居場所があるということだと職員に伝えている。

　最近ではユニットケアの方法やヒントを話し合っているが、問題は、どうすれば利用者の笑顔や安心感を引き出せる介護にすることが出来るかということである。介護をする者にとっては、流れ作業で行うほうが、僅かでも寮母は休憩時間が取れるかもしれない。ユニットケアでは休憩があまり取れない。しか

し、利用者にとっては緩(ゆる)やかな時の流れが保障され、落ち着いた生活ができる。

　筆者も介護福祉士としての仕事について、正当な評価をして貰いたいと願うものであるが、これほど頑張って働いているのに、世間の評価は今ひとつのような気がする。それは、介護福祉士にとって悲しいことである。評価に値する仕事をしたいものである。

　高齢者や障害者が、今を生きていることを実感し、自分なりの幸せを感じることの出来る援助を心がけたい。

　介護福祉士の仲間たちは、やり甲斐のある仕事をしたいと思っている。

　そして、自分たちで出来ることから試し始めている。そのキーワードは「自分が入っても良い施設作り」であり、「自分がされたい介護を心がける」「されたく無いことはしない」であろう。

3．ユニットケア是非論

　「ユニットが良いとは言えない」という人もいる。それはその人の考えでもあり、否定はしない。介護は生活空間も大切であり、ハードも必要だが、なにより大切なのは利用者が安らげる場所が有るということであろう。

　採算ベースに合わないものはどうしようもないが、高齢者の生活実態に合わせた介護であって欲しいと願っている。比較的元気な高齢者は自由な行動も出来、人生もそれなりに楽しめる。しかし、自分で動けない人や痴呆で十分判断出来ない人こそ大切にして欲しいのである。

　ユニットケアでなくてもかまわない。高齢者が安心できる生活が保証されるならば…

　ただし、職員の一方的な思い込みによるケアでなく、高齢者、障害者をはじめ、家族も安心してお任せできる介護であって欲しい。プロとしての意識を持ち介護が楽しいと言えるようになって欲しい。

　先日も、きのこ老健に、友人と彼女の学生を同行した。どんなに重度の痴呆症の人も一人の人間として向き合い、介護を行う姿は限りない人間愛と、人権の尊重をしていることが分かる。これほど重度の認知症の人と、自然に触れ合える姿は偉大であり、職員の辛抱強さと、チームワークの良さを感じる。

第1章　介護福祉の動向と現代社会　3

ゆっくり入浴している

　長生園にも多くの見学者を紹介し多大な迷惑をかけているが、何時も笑顔で他の施設の職員に対応して頂き申し訳なく思うが、良い介護をすることが、どれほど高齢者に安心感を与え、落ち着いた生活を作り出すか各職員が十分承知しているからである。

第2節　介護保険導入により変化した訪問介護

1．訪問介護はどうなるのか

　日本での訪問介護は昭和38年の老人福祉法が成立した時に、家庭奉仕員派遣事業として始まっている。生活保護世帯の身寄りのない老人や、低所得の世帯が対象であった。寡婦対策の色合いも強く、ほとんどのヘルパーが未亡人という地域もあったぐらいである。

　最初の派遣要綱には、ホームヘルパーは常勤であることとなっていた。常勤でなくて良いのは本人が希望するか、受け持ち件数が6件以下の場合となっており、多くの市町村は6件以下の非常勤で雇用していた。

　しかし、医療依存度の高い利用者や重度障害者や知的障害者のケアを行うにあたりホームヘルパーの質の向上を図らなければならないという声がホームへ

ルパーから上がった。大学や短大を卒業したホームヘルパーがかなり増え、系統だったカリキュラムを組んだ研修の必要性を訴え、それが取り入れられた。初任者研修、主任研修が行われ、またホームヘルパー養成研修を受けた人から採用していくようになり、質が向上した。

2．介護保険前のホームヘルパー

かつては家庭奉仕員派遣事業の給料は、ホームヘルパー派遣事業に変わっても補助金で賄われており、国が2分の1、県が4分の1、市町村が4分の1で基本的な給料は支払われ、市町村によりボーナスや給料の上乗せがなされていた。

その頃、平均的ホームヘルパーは1日2件の件数をこなしているところが殆どであり、1件当たりの時間数は1～4時間であり平均2時間であった。必要もなくても4時間いるという話も聞いた。週2回2時間が一般的派遣であった。そのうち、コストがかかりすぎるという話が、厚生省から聞かれるようになった。痴呆の人や障害者への在宅介護を進めるにしては派遣回数が少なすぎた。そこで、ホームヘルパー達は派遣回数の増加をお願いした。

派遣回数を1週間あたり2回2時間から1日4時間、週6日、週当たり延べ18時間を上限に増やして頂いたが、まだ派遣時間は朝8：30～9：00に始まり、4：30～5：00までであった。

平成元年に特別養護老人ホームへの委託が可能となり、農協等の事業参加により、補助金から出来高払いに移行し、ホームヘルパーの民間委託が進められた。

その時、特別養護老人ホームに委託するということに非常に危機感を持った一部のホームヘルパーは、厚生省の専門官に質問をした。「特別養護老人ホームの人は、家事援助があまり得意で無いと思うが、介護力は有る。私達も介護をして頑張っている人もいるが、平均すると家事援助が得意な人が多く、仕事も家事が圧倒的に多い。しかし、少しずつ介護が増えてきており重介護が増えつつあった。「もし、特別養護老人ホームでホームヘルパーを派遣するとしたら、仕事が無いときは寮母として仕事をするわけですか」と尋ねみた。すると、「当然だ。ホームヘルパーもコスト意識を持ってほしい」と言われた。勝てない。危機感もコスト意識も役所のなかでは、まだほとんど理解されていなかった。

ただ、選択肢が増え、利用者が使いやすくなるのは嬉しかった。そして、まもなく登録ヘルパーの制度を行うことになり、身体介護と家事介護の料金に差がついて提示された。ヘルパーの反対で家事援助も大変なケースも有るということで一度は同じ料金にも戻った。

　しかし、平成3年に全国でホームヘルパーと全事業所を対象にアンケートが行われた。その結果、7割以上のホームヘルパーが今後も家事のみをしたいと回答した。家事も身体介護も同じように大変だという話しだったが、それなら、身体介護も頑張って行う必要がある。介護はしたくないというのは矛盾している。

　そのアンケートで、社会福祉協議会や行政からの回答には、ホームヘルプ事業は在宅の要で、高齢者の生活を守るために、どうしても必要であるとする意欲的な市町村と、コストや先行き不安からホームヘルプ事業から手を引きたいという対照的な回答が、如実にでてきた。その結果、行政のホームヘルパーを減らし民間委託する動きが急速に進んだ。

　その最たるものは、社会福祉協議会等に身分移管した場合は退職金の補助金を出してくれるというもので、行政のホームヘルパーは対象から外すと明記してあった。

　そのとき、市町村嘱託から社会福祉協議会職員に成ったところも多くみられた。補助金から出来高払いに移行され、採算が取れなくなってしまい、行政のホームヘルパーも、やっと一日の派遣数を増やし、早出遅出をして頑張るようになった。

3．介護保険直後のホームヘルパー

　介護保険になるにあたり、民間委託がかなり進んでいたが、これを期に、社会福祉協議会や行政は、ホームヘルパー業務をいっそう縮小したり、廃止し、民間に任せてしまう所も出てきた。行政責任として金は出すが、民間に事業委託をしたのである。

　なぜなら身体介護の件数より家事介護の件数の方が多く、今の介護報酬では採算が取れないからである。そして、民間で介護をして、家事のみを公的に近い事業所に振ってくる場合も多いと聞く。身体介護と家事介護の料金の差が大

きくなってしまい、実際には身体介護を多くしていても、複合型にして欲しいとか、家事介護で処理して欲しいと言われる利用者もいると聞いた。

4．ホームヘルパー事業のその後の動き

　沢山増えた事業所のなかで公的と言われた事業所だけに金は出しにくいので出来るだけコストを下げるための努力を始めている。

　現場から常勤ヘルパーを減し、マネージャーや主任という調整役にしている。せっかくの今まで蓄積したノウハウを生かせずにいる。勿体ない話しである。マネージャーの仕事も私達の考える、その人に本当に必要なケアを組み合わせるマネジメントではなく、お金の計算を切り離せないマネジメントになっている。

　A市では常勤ヘルパーが減り、31名になった。指導者8名、調整23名、現場で働いているのは登録ヘルパーだけになった。残りはマネージャーになったり、相談業務に移っている。B市は45名中主任11名、マネージャー9名、常勤ヘルパー11名で残りは登録ヘルパーで頑張っている。C市では11名のホームヘルパーを4月に9名にして、2人はマネージャーとして部署を外した。10月からはあと2名をデイサービスに移し、7名体制にし、登録を採用の予定であるが、社会福祉協議会では支えられないので、医療事業団に移した。D町では介護福祉士をマネージャーにし、2級ヘルパーに任せた。2級ヘルパーは介護の仕事を始めて4年目であり、介護福祉士でも1級ヘルパーでもない。E町は採算が合わないため苦労しており、行政としての責任から組織の組み替え等を行い、苦慮している。F郡は二人派遣の了解が取れなかったとして、郡内の社会福祉協議会では二人同行訪問をしないよう話し合っているという。

　このように現場は混乱しているが、民間も少しずつ力を付けてきている。

5．民間のホームヘルプ事業所では

　介護保険の導入から始めた事業所が多い。しかし、行政で長い間頑張ってきたベテランヘルパーが引き抜かれ、あるいは、自主開業している人もいる。行政の中では出来ないことも民間ではニーズがある、利用者が必要としていることを大切にした仕事が出来ている。

ある日、民間に移ったホームヘルパーに同行させてもらった。

　S神父さん。皆親しみを込めて、彼のことをそう呼んでいる。75歳であるが背筋を伸ばして凛としている。長く大阪で牧師をしていた方で独身である。ラテン語とヘブライ語を学び、原書を読んでおられた。穏やかな話ぶりであったが、神に対する信頼と信念を持ち、キッパリと話される姿に感動を覚えた。大阪のいわゆるどや街と呼ばれるところでセツルメント活動をされた経験も長く、だれでも尊厳有る人として尊ばれなければならないと考えておられ、富とか権力には屈することなく、生きてこられたとの話であった。教会の横の幼稚園で園長先生をしていたこともある。今の生活は年金があり、経済的には困らないようであった。

　68歳頃生まれ故郷の倉敷に帰り、実家の甥の家の離れで暮らすようになった。昔からの友人や知人が多く、職業柄、人の出入りは多く、また、教会からの説教依頼も多く、充実した人生であったようである。数年前から肺癌を患っていた。しかし、本人の希望で手術はしないということであった。発見が遅れたのも手術をしない原因だそうである。いっかは神に召されるのだから、意のままに従うというのである。入退院を繰り返し、ターミナル期を迎えていた。本人の希望でどうしても病院で死にたくないと言い、自宅に帰ったのである。

　兄は他界しているが、甥は彼のことを非常に尊敬しており、大切に接していた。甥夫婦は共稼ぎであり、帰りが少し遅くなるため、ホームヘルパーの派遣を依頼していた。

　本人の希望としては、毎日3度の食事をきちんとさせて欲しい。甥夫婦は仕事があり忙しい為出来るだけ負担をかけないで、安心して任せることの出来るホームヘルパーにお願いして、自宅で最期を迎えたい。病院ではすべてが日常生活とかけ離れており、自分らしい人生を送れないので、家で暮らしたい。それが本人の強い希望であった。帰宅して、すぐに介護保険の申請をしており、ちょうど1週間後に要介護1と判定されていた。

　退院前にマネージャーは、病院とホームヘルパーの派遣について話し合い、医師からも「本人の意思を尊重して穏やかな死を迎えさせてあげたいので、ホームヘルパーの協力が必要だ。今後はホームヘルパーと病院が密に連携してや

りたい」といわれたそうである。
　帰ると同時にホームヘルパーが訪れ、食事の支度をして、好みのおかずを丁寧に作る。そして食べやすいように背中にクッションを置き食事を勧めた。しかし、最初は食事がほとんど取れず、お粥を二口しか口に出来なかった。酒の肴のような物が好物で、たらこを少々口にした程度で、小さく切った漬物を食べながら補助食品のリキットをゆっくりゆっくり半分飲んだだけであった。
　以前、筆者も肺癌のターミナルの人を最後に動けなくなるまで世話しているが、食欲が無い日には特に工夫をこらして、少しでも食べてもらいたいと思っていた。まさに、彼もそういう状態であり、1日3回、2時間の派遣で、介護保険では賄えない部分は実費で払われることになった。さっそく、トイレまで木製の手すりが付けられた。エアコンで部屋の温度は一定に保たれていて、ゆったりと椅子に座り、話す声はとてもターミナルとは思えないほど張りがあった。しかし体はやせ細っていた。
　担当のホームヘルパーは、彼の食べたいものを聞きながら食事を作っていた。ベッドから起こし、椅子に掛けてもらい、ベットメーキングを行う。トイレ誘導を行う際も、足元や手すりの握り具合にも気を使っていた。旧家の離れなので、バリアフリーというわけにはいかないが、段差を小さくして、手すりを付けるなど、元ホームヘルパーであったマネージャーの配慮が嬉しかった。
　訪問した日は退院から2週間程になるということであったが、小さく刻んだ野菜を軟らかく煮たおじや一杯を、ゆっくりと時間をかけて、話をしながら食べた。細かく刻んだキムチと、薄く切った果物、味噌汁という献立であったが残さず食べた。今日は気分も良く、非常に美味しく頂けたと話していた。病院では食事が摂れなくて、痩せるばかりだったが、家にいると落ち着いて、穏やかな生活が出来ると喜んでいた。食事が始まってから食後の服薬を済ませるまでに1時間ちょっとかかったが、その間に「もうすぐクリスマスになるので友人を呼んでレコード鑑賞会をしたい」とホームヘルパーに話し、微笑んだ。「では準備をしましよう。Uさん、Kさん、Tさんに声をかけましょう。」と二人で楽しそうに話し合っていた。
　もう一度トイレを済ませ、ベッドに横たわり、オムツをして私に話しかけた。

「帰って初めて茶碗 1 杯の食事が摂れた。病院では殆ど食べられなくて、注射と薬とリキッドばかりで、ちっとも生きている気がしなかった。今は手すりを持ってトイレにも行けるし、好きなものを食べられて、友人に囲まれて毎日が楽しい。生きている実感がある」と喜んでいた。

彼は介護度 1 なので165,800円が限度であり実費計算では30万円くらいかかるそうで、不足分は本人払いである。人生の最後を充実した日々にしたいと彼は選択したのである。

6．もう 1 か所の小さなヘルパーステーションを訪ねて

62歳の娘が90歳の痴呆の母を世話していたが、近所に不幸があり、4 時間ほど来て欲しいと依頼があった。ちょうど土曜日で主任は休日の予定であったが、困り果てた娘の声を聞き、引き受けたという。10時から弁当持参で出かけた。最初はうさんくさそうにチラッと見ていたが、ゆっくり話しはじめると和んできて、二人で昼食を摂りはじめた。昔話をしながらの食事に「うん、うん」と頷いていたが、そのうちに「玉子焼きが欲しい」といい、分けると突然、引き出しから写真を取り出して見せてくれたという。「優しいお爺さんだった。」と嬉しそうに話す姿は、娘から聞いた痴呆の母の姿とはかなり違っていたそうである。

娘が帰ったとき、楽しそうな母親の姿を見て驚き、「最近は食べて寝るだけで父親の写真など、ここ数年出したことは無い。実の親子なので遠慮が無さすぎて、つい何でも叱りつけていて、潤いの無い生活になっていた」と反省したそうである。主任は介護者の負担や精神的なストレスを理解していて、少し息抜きをするよう勧めたという。その後、1 週間に 1 度 3 時間の訪問を行い、認知症の母親が、老人車を押して、ゆっくりと散歩をするのをホームヘルパーが見守り、また、おやつを作り、それを食べてもらうそうである。娘から「母の足が丈夫になり、昼間のトイレの失敗が殆ど無くなり、ずいぶん楽になった」と報告を受けたそうで、介護を支える人のための、支援の大切さを主任は確信したそうである。

別のヘルパーステーションの主任の話では、58歳の両膝関節変形症で精神分裂の妻の世話を61歳の夫がしていたが、夫が脳梗塞で入院した。3 ヵ月後に退院するにあたり、派遣要請があった。夫は右半身に麻痺が残り、妻の介護は十

分出来ない状態であるが、妻の拒否にあい、訪問は見送られたが、主任は時々訪問し、話しかけていたという。夫が炊事をすることが出来なくなり、惣菜を買っていたが、妻は薄味好みで口に合わず2ヵ月後に派遣にこぎつけた。週3回の訪問で、妻に味利きをしてもらうことで、信頼関係が強くなり、入浴や身の回りの世話も頼まれるようになる。訪問開始から5ヵ月になるが、メンタルな問題を抱えた人は、誰でも受け入れてくれるわけでは無いので、結局主任が訪問している。困難ケースを受け持っているのである。

7．様々な形態でのホームヘルプ運営

　かつての計画では中学校区に1ヵ所の割合で在宅介護支援センターを設け、ヘルパーステーションを設置する予定であったと思うが、在宅介護支援センターが上手く機能しなかったため補助金がカットされた。大分県で、本当に精力的に訪問指導や相談に出掛けていた社会福祉士の指導員を知っているが、実に誠実に対応しており、仲間での勉強会や他職種との連携も見事であった。大分県の支援センターのような活動が全国でなされていたらこんな状態にはならなかったろうにと残念でしかたがない。

　今NPO法を活用した介護保険にとらわれないでサービスの幅を広げた事業所がある。サービス提供者の預託制度を採用している所もある。大阪市、鳥取県西伯町、松山市、静岡県金谷町、愛知県大府町等がそうである。

　また、重度身体障害者自身が事業者となり、それに賛同したベテランヘルパーが主任として頑張っている所もある。ベテランだから見極める目がしっかりしており、きめ細かなサービスに定評がある。

【民間に移ったヘルパーの声】
・忙しいが、1日を無駄なく有効に使える。
・緊急時の対応が行いやすい。
・周りに気兼ねしないで、納得いく仕事が出来る。
・核になる主任を中心に皆で出来ることをすることが可能。
・主任も仕事に出るので、利用者の状態を把握出来る。
・集金や印鑑を貰う時や近くに行く時に、立ち寄り利用者の満足度を把握出来る。

・登録ヘルパーに引き継ぐ時も同行訪問をし、大丈夫か確認して引き継ぐ。
・仕事上の判断が必要な場合でも、初心者や登録ヘルパーから携帯電話に連絡をさせることにより、素早く適切な指示が出来る。

　皆さん一様に仕事が楽しい。だけど忙しく、大変である。仕事の幅が広がりやり甲斐があるとのことであった。

8．今後のホームヘルパーの課題
　利用者の生活は今までの生きかた、それに基づく価値観、身体状況や経済的な状況により、大きく異なり、介護者の価値観とは違うということである。しかし公的ヘルパーと言われた人達は公平なサービスを重んじる傾向にあり、利用者の本当のニーズが把握出来にくい様に思われる。
　一番大切なことは、本人がどうしたいのか、どのように生活したいのかを理解することが大切である。民間のホームヘルパーに比べると、公的事業所は24時間対応とか、365日対応型に比べ、仕事の範囲が狭い。その中で出来ることになると、どうしてもニーズに対する対応力が乏しいように思う。これはいたし方の無いことである。しかし、公的な責任において、採算にとらわれず、出来るだけ、利用者本位で対応するよう心がける必要があるだろう。
　現在、在宅に向けて制度が動き出したなかで、ホームヘルパーに対する世間の期待は大きく、それに答えるために切磋琢磨して、良い仕事をしなければならない。
　自分だけでは解決出来ない場合は、上司の指示を受け、他の専門家に相談をするのが良い。
　民間の事業所では看護師とホームヘルパーが同行し、連絡しあって、素早く対応できるように、様々な工夫をしている。一つは携帯電話の利用で、連絡をしやすくして、対応している。
　手を出しすぎても、出さなすぎてもいけないように思う。本人のやる気を起こさせるケアを行うのが、ホームヘルパーの役割であろう。
　北欧でも能率や効率を考える時代になっているが、ホームヘルパーが生活を支えるとはどういうことか、もう一度考え直す必要がある。自立とは何か、自己選択とは何か、権利擁護とは何か、高齢と障害者のみならず、国民の社会保

障とは何かを考える必要性を感じている。

第3節　家庭奉仕員からホームヘルパーの誕生

1．自治体での取り組み

　ホームヘルパーを日本に持ち込んだのは長野県であると言われている。長野県の職員がヨーロッパを視察した時、高齢者や障害者をはじめ、自立して生活をすることに支障のある人に対しホームヘルパーが派遣され、生活を支援するのを見て、長野県でも取り入れてみたいと言うことで、独自の事業として1956年（昭和31）の4月から行った。それ以前にも上田市で市の事業として行っていたと言う話も上田のホームヘルパーから聞いたことがある。長野県では上田市をはじめ13市町村が取り組み、各市町村の社会福祉協議会が実施主体として家庭養護婦の派遣を行っている。原則として1ヶ月以内の派遣で、お産や病気などで家事が出来ない状態の主婦の変わりに、家事援助をしたと言われている。

　その後大阪市が1958年（昭和33）に臨時家政婦派遣制度が行われ、翌年名称を家庭奉仕員派遣事業と変更している。

　その後東大阪市、名古屋市と自治体が独自で派遣している。

2．公的家庭奉仕員のはじまり

　1963年（昭和38）に老人福祉法が制定され、この中に家庭奉仕員派遣事業が明文化された。運営主体は市町村であり、国の国庫補助事業として制定された。補助事業とはその対象にしか金を使えない、いわゆるひも付き事業である。家庭奉仕員の給料の2分の1を国が、4分の1を県が、4分の1を市町村が負担するものであった。世帯単位で週1回以上訪問とされていた。もともと国の事業前は社会福祉協議会で派遣していた経緯もあり、委託先として都道府県の社会福祉協議会と市町村の社会福祉協議会が認められた。

　1965年（昭和40）には厚生省からの通知により高齢者の派遣対象が生活保護世帯と所得税非課税の世帯（非課税世帯とも言う）を対象とするという理不尽なものになった。

1969年（昭和44）には1世帯あたりの派遣回数は週2回程度とされ、1回2時間程度とされた。1部の都市では1回派遣に4時間と決めていた所もあり、非常に偏っていた。4時間必要な世帯も1時間で済む世帯もあると考えられるからである。その頃、家庭奉仕員は常勤であることと明文化されており、東京や、大阪など都市部では常勤の公務員となり、一部の都市でも組合運動が盛んに行われた。

1970年（昭和45）家庭奉仕員の勤務形態が常勤であることのみから担当世帯が6世帯に達しない場合や、本人が望まない場合や、やむを得ない事情がある場合は非常勤とすることができるとされた。

1972年（昭和47）厚生省局長通知により「老人家庭奉仕員事業運営要綱」でサービス内容の決定は市町村が行う措置であるが、派遣業務の実際は社会福祉協議会が行ってもよいと明文化され多くの市町村が社会福祉協議会に委託した。また交通事情などにより常勤の家庭奉仕員は6世帯という文言が除外された。

しかし非常勤でよい場合は派遣対象件数が少ない場合、家庭奉仕員自身の事情により常勤の勤務が困難な場合とされた。

家庭奉仕員は奉仕の心で仕事をするという風に言われ、奉仕という言葉と主婦であれば誰でもよいと言われ研修は行われてはいたが利用者のための仕事をするには余りにも知識が薄かった。

3．身体障害者家庭奉仕員派遣事業の制定

1967年（昭和42）に設置された。身体障害者自身のために派遣されているため障害者のための援助を行うこととされ、家族のための仕事をするのでは無いとされた。身体障害者は身体障害者福祉法で規定された1～2級の人が対象であり、等級の低い人は対象から外れている。視覚障害や脳性小児麻痺、体幹障害、頸椎損傷、脊椎損傷、脳梗塞の後遺症による麻痺、上肢および下肢の欠損や不自由等が多く聴覚障害の人は少なかった。

筆者もホームヘルパーになり、いろいろの仕事をしてきたが、障害や後遺症についての知識が少なく、もっと勉強をしなければいけないと思った。

交通事故や事故による障害者も多く、中途障害であるため精神的に安定して

いない人もあった。以前は入院日数や年月も余り言われていない時代なので入院が長く、2年入院していたとか、3年入院していた人もいた。交通事故で入院し、リハビリセンターなどから3年ぶりに帰った人の家では掃除が大変で、掃除機をかけたり拭いたりするのにとても時間がかかった。それでも「家が落ち着くな」と笑いながら障害を持った手を摩りながら家庭復帰を喜んでいた。不自由な手でも食べやすいように特殊なフォークを注文し、椅子とテーブルとベッドを入れることにより不自由ながらも自分で生活できるよう整えていった。トイレは和式であるため上置トイレで洋式風にしたら、使用しやすく排泄も順調に行えた。ある日「このバッグに2,000万円の定期を入れてある」と自慢気に言われた。ヘルパーとしては「大金を置いていて、もし無くなったら困るので銀行に預けて欲しい」とお願いして預けて貰った。最初はずいぶん我儘で、ああしろ、こうしろと命令した。自分で出来そうなこともしないで、命令する。「何もしないでいると動けなくなるので、外で日向ぼっこをしませんか」と誘うと陽気に誘われて出てきた。日向ぼっこをしながら杖を使用して歩き始めた。ほんの少しであったが初めてのことだった。次回はホームヘルパーが洗濯物を干そうとすると一緒に出てきた。「心細いのでそばについていて欲しい」と言い、歩き始めた。ヘルパーは転ばないように横に居て声をかけながら一緒に歩く。掛け声をかけながら一緒に歩く。少しずつ距離が伸びてくる。いつの間にか我儘が減ってきた。ある日、「昨日はタクシーでスーパーに行き買い物をしてきた」と嬉しそうに話す。家に閉じこもってばかりいると精神的にも不安定になり、我儘になったのである。その後は時々外出し、生活を楽しみ始めた。

42歳の女性S子は脳出血で左片麻痺になった人で、退院時ホームヘルパーの派遣になった。「料理をしたい」と言うので椅子に座って手の届く場所に、道具を置いた。まな板に釘を2本刺してピーラーで皮をむき、切ることが出来るようにした。片手でもフライパンが動かないようにして欲しいと言われた。考えた末、ガスコンロの下にベニヤ板を敷き2本の棒を付け、フライパンの柄を入れて、動かないように固定した。その時S子は何とか自立して生活したいと言う。OTに相談し浴室とトイレに手すりを設置したいということになる。家主に相談すると快く承諾してくれた。これでなんとか自立することができた。

彼女は嬉しそうに「ありがとう」と言い精神的に落ち着いてきた。

4．心身障害児童家庭奉仕員派遣事業

　1970年（昭和45）に設けられ、心身障害児の居る家庭に派遣されることとなった。低所得という制限は無く、障害児を抱えると家族の負担が大きいため、家族の生活を考慮して援助が行われていた。

　初めて重度心身障害児の家に先輩ホームヘルパーと同行訪問したのはホームヘルパーになって3日目であった。

　横たわる子供に対し「この子は何が分かるのだろうか。どう接すればよいのだろうか」と戸惑った。母親と話している時、近所に筆者の友人が住んでおり、友人の所に来ていた筆者を母親が「見たことがある」と言う。「友人のお父さんが亡くなられて…」と話したところ、子供の顔が急に歪んだ。「この子は理解している」と思ったとき不思議な感動がわいた。子供のお父さんの話しをすると顔が崩れた。笑っている。この子は分かっている。間もなく母親が「痰の吸引をしてください」と言われた。余りにも突然で困惑していると先輩ヘルパーが余裕で痰の吸引を行った。医療行為であると同時にホームヘルパーは吸引をすることが出来るのか、しなければいけないのか戸惑った。上司は「してはならない」と言うだけだった。母親がちょっと外出した時にどう対応するのか、もっと勉強し、医療職から教えられないと吸引などはとても対応できない。上司は母親が居ない時は事故があったら困るから居ない所で対応をするのは困るとか、時間がきたら母親が帰っていなくてもホームヘルパーは帰ってきなさいと言った。事故をおこしてはいけないのは分かるが、何の解決にもならないと思った。

　ホームヘルパーの制度について深く考える必要があると思った。

　老人家庭奉仕員、身体障害者家庭奉仕員、心身障害児家庭奉仕員はそれぞれ根拠となる法律が異なり、高齢者に対しては老人福祉法の家庭奉仕員派遣事業で対応し、障害者には身体障害者福祉法の家庭奉仕員派遣事業で、心身障害者には当時の精神薄弱者福祉法の家庭奉仕員派遣事業が対応してきたため、予算もそれぞれの法で下りてくるため運営上困難があった。

　筆者は1978年（昭和53）に家庭奉仕員になったが、まだまだ世間の認知度は

低く、掃除のおばさんと言われていた。掃除のおばさんと言われることは別にかまわないが、家庭奉仕員の有るべき姿を求めていくと、単なる掃除のおばさんでは無いと考えた。困っている人を援助すると言う漠然とした思いではあったが、少し違うと思った。

5．中央社会福祉審議会老人福祉専門分科会において

1981年（昭和56）に厚生省に設置された中央社会福祉審議会老人福祉専門部会において、今後の在宅老人福祉対策のあり方に重点を置いた検討が行われた。12月に「当面の在宅老人福祉対策のあり方について」と題する意見具申が出された。そして1982年（昭和57年度）から老人家庭奉仕員制度を改正するという通知が都道府県に出された。

1）派遣対象世帯の拡大

昭和40年から縛られていた低所得の世帯のみの派遣から所得税課税世帯にも有料で派遣することが出来ることになった。非常に嬉しかったが心身障害児の居る世帯も有料になり、それまで無料で派遣されていたものが有料になったため、心身障害児の派遣要請は、ほとんど無くなった。心身障害児を抱える母親は孤軍奮闘しており、援助は必要なことだったが、弱いところにしわ寄せがきて、気の毒に思えた。

2）臨時介護ニーズへの対応

家庭奉仕員として定期的に訪問をする世帯は当然だが体調が悪く急に来て欲しいと言われても派遣できなかった。介護人制度があるにはあったが、都市部では機能していても、多くの市町村では機能しておらず、父子家庭や母子家庭でも何かあると、生活が機能しなくなる。ホームヘルパー達は何とかして欲しいと切望していたが、サービス内容が同じと言うことで介護人制度を家庭奉仕員制度と一体化することとなる。

また、常勤ヘルパーと登録ヘルパー（パート）の形態をとることとした。

3）派遣回数・派遣時間の増加

　週2回2時間が平均的な派遣として定着していたが、在宅で生活する人が重度化してくるにつれ派遣回数が少なすぎることが問題になってきた。痴呆の人の食事の管理が出来なくなり、近所の人にお願いしたり、民生委員にお願いしたが、どうしても支えきれず、帰り道に寄るとか、朝行く前に寄るとか工夫をしても、もう限界にきていた。国に対し派遣回数の増加をお願いしていたが、「1日4時間、1週6日、週当たり延べ時18時間を上限とするもの」となり非常に嬉しかった。隠れてケアするのは正しいやり方ではない。必要に応じ制度を変える必要があると思う。

4）家庭奉仕員採用時研修の導入

　研修としては市町村、都道府県、国とも年1回以上の研修を行うことと義務付けられており、研修は行われていたが我々はカリキュラムを組んで、きちんと教育をする必要性を求めていた。それが実現したのである。研修は70時間である。

　その後1985年（昭和60）主任家庭奉仕員制度が導入された。これは、ホームヘルパー派遣希望時の調査やアセスメント、多職種との連携調整などリーダーとしての役割を担う。登録ヘルパーの指導や調整の役割もある。スーパーバイザーでもある。必要なときに必要なだけのサービスをするというような話しも出てきた。

6．ゴールドプランと新ゴールドプラン

　1989年（平成元年）ホームヘルパーの中央研修で厚生省から、下記のような話しがなされた。

(1) 当時、ホームヘルプ事業の運営主体は都道府県や市町村であったが、社会福祉協議会に委託することは認められていた。しかし、特別養護老人ホームを含む法人や在宅介護サービスガイドラインを満たす民間事業者に委託することが出来るといわれ、大変ショックを受けた。熊本の会長と、愛媛の副会長と隣りあわせでいて、「大変なことになったね」と話した。夜に厚生省の人と話し合ったが、「役所では夜間の派遣は難しく、朝の早出や祭日出勤も難し

いでしょう」と言われた。もっともな話しで、利用者本位の考えでは納得せざるを得なかった。もう一つ「コストが大きな問題だ」と言われた。寮母が派遣された場合、仕事が終わり、時間が空いていれば寮母の仕事が出来る。コスト論では公的ヘルパーはとてもかなわない。
(2) 派遣対象は老衰や心身の障害等の理由により日常生活を営むのに支障のある、おおむね65歳以上の者の居る家庭であって、高齢者または家族が介護サービスを必要とする場合となり、今までの家族が介護をするのが当然というものから介護の社会化に1歩踏み出したものと言える。
(3) サービス内容としては身体介護・家事援助・相談援助になる。相談業務を外すような動きがあり、ホームヘルパーとしては高齢者の一番近くにいて、相談を受けやすいホームヘルパーから相談業務を外さないで欲しいとお願いした。
(4) 高齢者サービス調整チームの活用が明記された。
(5) ホームヘルパーは常勤であることが削除された。

　この年の暮れ（12月）に「高齢者保健福祉推進十ヵ年戦略」（ゴールドプラン）が策定された。今まで3万人だったホームヘルパーを10万人に増やすということで驚いた。ショートステイ1万床、デイサービス1万か所と驚く数字が出された。
　その後、全国の市町村に老人福祉計画を立てるよう指示が出され、それを集計したものが出された。ゴールドプランで出した数字より多くのサービスが必要と分かり、新ゴールドプランが打ち出された。その数字はホームヘルパー17万人と言うものであった。事業所が民間委託にと大きく動き出した。もう止めることの出来ない動きであった。その際たるものは「社会福祉協議会などへ委託されたホームヘルパーには退職補助金を出すが、役所に所属のホームヘルパーには出さない」と言うものであった。

7．福祉法等関係八法の改正

　1990年（平成2）6月それまでの福祉6法から生活保護法が外れ、ゴールドプランを円滑に推進するために福祉関係8法に改正された。
　同時に福祉サービスの運営主体が市町村に移された。それまで福祉事務所を

持たない小さな町村は県に依存していたが、責任が町村に移ったといえよう。施設への入所措置や、在宅の派遣決定や実施責任が市町村にうつったのである。一元化により効率よく実施されることが期待された。

　1994年（平成6）に12月大蔵、厚生、自治大臣の合意でゴールドプランを全面的に見直し、全国の老人福祉計画の合計から割り出した新ゴールドプランが打ち出された。

　介護システムの構築が必要と言うことで議論され、これからの高齢者介護サービスは利用者本位、自立支援、総合的なサービスの提供、地域で暮らすなどが取り上げられている。

　在宅では24時間巡回型サービス、かかりつけ医の充実、訪問看護など在宅にシフトをひき始めた。1996年（平成8）11月介護保険関連法案が提出され、1997年（平成9）12月介護保険法が成立した。

　平成12年4月より、介護保険が施行され、高齢者の介護問題は保険方式で遠慮なくサービスが受けられるという、介護の社会化がなされた。それに伴い、サービスのほうも自由化（規制緩和）がなされた。法人が独占していた福祉が、大きく民間に移行されるようになった。さまざまなサービスが出来ており選択肢が増えるのは良いが、非常にレベルの低いサービスが多く出回るのは困ることである。もう少しするとサービスが出揃い選べると思うが、まだまだ施設が不足しており、利用者本位とは言い難いサービスも出回っている。

　在宅の考え方も自宅のみでなく、必要に応じて住み替えも視野に入れるよう提案されてきた。ヨーロッパでは自分の身体の状態に合わせて住み替えている。日本もそうした時代が来るかも知れない。

第2章
介護福祉の実践訪問介護事例

第1節　ネットワークの中で看取るまで

(キーワード：認知症（痴呆）、多職種との連携、近隣とのネットワーク)

　ホームヘルパーはいつも高齢者や障害者の生活を支えるために日夜奮闘しているが、なかなか思うようにいかず、悩んだり落ち込んだりする。うれしいのは待ってくれる人が居るということである。少しでも良くなり、喜ばれると本当に良かったと思い、また元気が出てくる。辛いときに友人や上司に励まされて頑張ることが出来るのである。このような毎日の仕事は、いつもと同じようにみえるが、日々変化することも多い。そうした中でホームヘルパーとしてやってきたことを述べる。

１．事例
　　A子、79歳、女性。
　　高血圧、脳血管性の中度の痴呆。一人暮らし。
　　かろうじて炊飯は自分で出来る。洗濯は好きで毎日する。おかずを温めるのは出来る。金銭の計算は出来ない。大切なものの管理も出来ない。ほうきで掃くことは出来る。掃除機、湯沸器はあるが、使用不可。自分が欲しいものは買うが、計算は出来ない。土地の人で近所に友人、知人、親戚がいる。

１）家族関係
　　夫は戦後間もなく病死。一人娘は23歳頃家出をして30年以上になる。一度訪

ねて来たが、追い返し、以降、消息不明。
　A子には兄が一人いたが、数年前に死亡。A子が痴呆になり兄嫁B子がA子の世話をしていた。B子の一人息子C夫が隣町に家を新築したため、B子は泊まりがけで子守りに出かけることが多い。A子が倒れたときC夫は家を新築中であった。ローンの支払いのためC夫の嫁D子も仕事を始めたので、B子に子守りを頼んだらしく、週1回程度しか帰れないとのことであった。

2）退院時の受け入れ、訪問看護師とのタイアップ
　病院から退院するにあたり、主治医やケースワーカーより相談があった。病院のケースワーカー、福祉事務所のケースワーカー、福祉主事、ホームヘルパー、B子の五者が集まり、退院後の生活について検討する。
　①経済面は今までどおり生活保護で行う。金の管理は、B子が預り、金銭出納簿を揃えて管理をしてもらう。
　②月、水、金曜日はヘルパーが対応。
　③訪問看護婦が火曜日を受け持つ。
　④2週間に一度月曜日の午後医師が往診に来る。
　⑤ホームヘルパーの仕事の内容は、買物、炊事、掃除、相談助言とする。
　A子は金銭管理が出来ないが、小遣いは必要であり、ホームヘルパーが、お金を預かるのをどうすればよいか、B子と話し合う。B子は毎週来たいと思っているが、はっきり確約は出来ないということであった。とりあえず、5,000円を預かる。

3）話し始めるようになるまで
　初回訪問。A子は洗濯をすませ、テーブルの前に座っていた。「市のヘルパーです」と告げると、うさん臭そうに見た。掃除をしながら話しかけても返事もない。B子が買って置いてくれた食材で炊事をした後、日誌に印鑑を押して下さいと告げると、顔色を変え、「判子はどこにあるかわからぬ」の一点ばりで出してくれない。事務所に帰り兄嫁B子に連絡し、捜してもらうことにした。病気で入院した後、疑いやすくなったらしい。
　印鑑、出納簿、交換ノートを整え、サイドボードの裏に大きめの封筒を置く

ことにする。ノートにはB子とヘルパーが気づいたことを記入し、連絡し合った。緊急時は電話あるいは出向いて相談することにした。

三度目の訪問時、近所の医師の話を出してみた。パッと顔が明るくなり、「あの先生はええでえ。いつでも何かと話しかけてくれるで。やさしいでえ」と言う。今までとはうってかわってやわらかい顔であった。

次回訪問時、コタツの上に新聞紙を敷き、えんどうのすじを取っていると、A子が手伝おうかなと、すじを取り始めた。これを機に自分のことをぽつりぽつり話してくれるようになる。えんどうの卵とじが好きなこと、近所に友人が多く居ること、兄を頼りにしていたが亡くなって心細かったが兄嫁が良くしてくれるので安心できること等話してくれた。

4) 近所の協力

何度目かの訪問時、天ぷらをした。少量にしたつもりでも一人には多いので、隣におすそ分けをする。隣も一人暮らしの女性でS子といい、60歳過ぎのおとなしい人であった。A子が煙草を吸うのが心配とのことであった。

次回訪問時、ブリキ製のクッキーの箱を持参し、その中に灰皿を入れた。B子より菓子や果物の差し入れが沢山あり、前の家のM子におすそ分けをする。

M子は内職をしており、いつも家にいるとのことであった。ヘルパーは週3回の訪問で毎日来る訳ではないので、昼を過ぎてもカーテンが開かないときは福祉事務所に連絡して欲しい旨お願いする。M子の娘さんと私の娘がクラスメートだったせいもあって、協力してもらえることになりほっとする。

5) 平穏な日々

A子は金銭についてはあまり理解できないが、近くの"おだいっさん"を拝みに行って、そばの店で菓子やみかんなどを買うのが何より楽しみであった。

金が乏しくなるとパニック気味になるので、サイフにはいつも3～5千円あるようにチェックする。ある日午前中の仕事を終えて事務所に帰ると、M子より米がないとの連絡があった。A子まかせで確認しなかったことを反省した。すぐに米を買い、届けた。M子にお礼を言うと本人が言いに来たとのことだった。本人はテレビを見ていたが今日のご飯は炊いてあった。その後友人が毎日のように来るようになった。ホームヘルパーが来るようになり、多少遠慮していたらしかった。楽しそうに世間話をする様子は普通のおばあさんであった。友人のことや近所の人の話を楽しそうにしていた。

6) 痴呆がすすむ

　友だちは何かと食べ物を持って来て、一緒に食べたり飲んだりしていた。信仰の話、孫の話、近くの知人の話と楽しそうに話が弾む。そのうち親友の一人が死亡した。A子はショックを受けていた。それをきっかけに痴呆がすすんできた。訪問開始から2年あまりたっていた。暑くなったのに、冷蔵庫のおかずがテーブルの上に出たままになり始め、食中毒の心配が出てきた。

7) ケース検討：毎日訪問、病院の協力

　ヘルパーが冷蔵庫に入れておいたおかずが、つぎの日にはテーブルに出してあり、腐っていた。当時一般的には週2回2時間が普通の訪問であった。上司に頼んで週3回訪問にしてもらった。上司は増やすことに消極的であった。週3回訪問をしていても気がかりなのでM子に「夕食後におかずを冷蔵庫に片付けて欲しい」とお願いした。M子は快く引き受けてくれた。しかし、訪問日で無い日に近くを通るとき寄ってみた。すると、味噌汁が腐っていた。真夏のことで食中毒が気になり、仲間のヘルパーと会議を持ち、上司にお願いし毎日訪問することにする。月水金は今までどおり2時間、火木土は食事の管理のみで、都合により1～2品調理するか火を通すことにする。これを手すきのヘルパーが担当する。訪問看護婦に連絡し、B子と相談のうえ、病院のスタッフも交換ノートに気づいたことの記入をお願いする。

8）発作

　秋のある日、訪問するとA子は寝ていた。昼間寝ない人なのでM子に尋ねてみた。夜中に奇声をあげ騒いだらしい。M子夫婦がかけつけてなだめたが、興奮して寝られず病院に連絡する。注射を打ち、寝るまでに2時間以上かかったとのことであった。

　その際サイフがない、大切なものがないと訴えるが、大切なものがなにか、はっきりしない。保護の証明証だと思うが本人には表現ができず困ったらしい。M子は元来おおらかな性格で、気にせず笑っていた。主人にも迷惑をかけたが、「近所だからいいよ」と言ってくれた。有難かった。

9）失禁が始まる

　あれほど几帳面であったA子の身づくろいが目にみえてだらしなくなってきた。ヘルパーが髪をとかし、清拭、足浴をする。

　起きてコタツに座ると、夕方までコタツで生活する。そのうちに布団を敷くのもおっくうがりはじめる。熱が出ても病院には行かぬと言うので、連絡して往診してもらい、注射をしてもらう。

10）心身とも衰えがめだちはじめる

　そろそろ特別養護老人ホームへ行ったらどうかとの話が出たが、本人が拒否する。足が弱り、出歩くこともほとんどなく、コタツの守りをする日が続く。話をしても「わからんな」と言うことが多く、会話が続かないが、できるだけ昔の話をする。食事がすむまで横に座っていると、一緒に食べろと言うので、昼食を持参し一緒に食べることにする。一人で食べても美味しくないと喜ぶ。

11）ケース検討：みんなで支える

　福祉事務所のケースワーカーと同行訪問し、病院のケースワーカー、訪問看護婦、B子と会う。痴呆はすすんでいるが、煙草は2〜3本に減ったこと、食事量は減っても自分で取れること、訪問看護婦もヘルパーもできるだけ訪問している。友人知人の手助けが得られているので、ADLがもう少し落ちるまで様

子をみることになる。
　誰もがA子の希望を理解しており、問題が起きたら再度話し合うことになる。

12）突然の死
　その後1か月足らずでA子は転び骨折し、入院した。入院中肺炎を起こし、あっという間に亡くなった。
　ずいぶん頑張り、人に甘えず、自分に厳しい人であったが、ヘルパーには、自分が子どもの頃に母親がやさしくしてくれたこと、娘が自分の金を持って家を出たこと、1度帰ったが金の無心をされ、追い返したこと、友人のことなどを話してくれた。初回訪問の3年ぐらい前、一人暮らし老人の調査に訪れたとき、一人でやっている、用はないといった気丈なA子と、死ぬ前のやさしいA子が同時に思い出される。

第2節　嫁との折り合いの悪い夫婦への援助

（キーワード：息子への溺愛、嫁とのいさかい、近所の協力、入退院の繰り返し）

1．事例
　夫：A夫、86歳。虫垂炎と胃潰瘍の手術歴がある。高血圧で脳梗塞の病歴あり。多少言語に問題があるが、日常会話には差し支えない。
　妻：B子、90歳。心筋梗塞。白内障もある。

1）家族歴
　A夫はK県出身で旧制中学を出ており、弟妹が田舎にいる。一人息子のM夫とその妻Y子、孫のN夫、T子が大阪にいる。

2）援助歴
　9年間のうち2年ぐらい夫の入院や息子の同居による有料世帯となったこと

などで停止の時期がある。停止は本人の希望であるが、その間も友人などのサポートがあった。

3） 訪問依頼
　ケースワーカーHより福祉事務所に連絡がある。A夫の退院にあたり、当時81歳のB子だけの世話では無理があるため、援助を要するとの要望が出された。自宅を担当主事と訪問。掃除や布団干し、シーツなどの大物の洗濯、重い物の買い物などのニーズが上がってきた。炊事はB子が行うということだった。

4） 訪問開始
　初回訪問するとテーブルの前に座っていたB子とは面識があったため、A夫からもすぐ受け入れられた。A夫は気むずかしい人との評判であったが、退院したばかりで憶病になっており、転ぶのが恐いからと繰り返しいう。言葉遣いに四国訛があり、私が同郷人とわかり、打ち解けてきた。たまたま私の兄や伯父の住む町の人であり、昔からの老舗の様子などを話す。10年以上帰っておらず、しきりと懐かしがる。

5） リハビリを兼ねる外出のすすめ
　部屋のなかでも動くことをすすめ、手すりを付けるか杖で歩くか聞いてみる。杖で歩くというので、さっそく私が腰の帯を持って歩行訓練する。
　半月あまり過ぎた頃、外に出てみるという。外は凹凸があり危険なので、一緒に歩くことにする。妻は気分転換を兼ね近くの店へ買物に行く。その間ヘルパーと家の周りをゆっくり歩く。老人車を押して歩いてみる。老人車は格好悪いと杖のほうを選び、散歩が日課となる。4～5回で同行散歩の必要はなくなる。

6） 妻B子より生活歴について話がある。
　A夫は旧制中学卒で大手企業に勤めていた。仕事で岐阜に行き、旧家の一人娘B子と知り合い結婚。給料は技師なので安定しており、困ることはなかった。しかしA夫は酒好きで、B子に暴力をふるうことも多かった。B子は知人の家に

隠れたり、風呂場で湯の無い浴槽に隠れ夜を明かしたこともあった。一人息子M夫が生まれてからも、酒を飲んで暴れることが時々あった。
　しかしA夫はB子とM夫を手離したくないので、離婚には応じず、二人は戦時中に台湾までA夫に同行している。台湾での仕事が終り、日本に帰り2年ほどで終戦となる。会社より米が支給され、食料に困ることもなく安心だったという。戦後M夫が中学に通う頃より東北地方勤務になり、A夫は単身赴任する。B子も仕事を始め、M夫を溺愛したため、M夫はわがままな息子となる。しかし父に対し畏敬の念をもっている。

7）M夫の結婚
　M夫は大学卒業後大手企業に勤務し、仕事もするが遊びも派手になる。その後、美人のY子と恋愛のすえ結婚。M夫とY子は親と同居するが二人で遊びに行くことが多く、A夫とB子は二人が落ち着くことを望む。まもなく孫N夫ができたが、子どもを置いて二人でダンスに行くなど落着かず、B子がミルクを作り育てた時期もある。
　小遣いが足りないとM夫はB子に小遣いをねだり、勝手に持ち出すこともあった。A夫の金にも手を出したこともあり、M夫夫婦を離婚させるという話も出た。Y子が別居したが、M夫は思い切れず、M夫が家を出て親と別居となる。二人目の孫T子ができて少し落ち着いたが、M夫は金を欲しがり、無断で持ち出すことがあり、A夫は、Y子のせいだとY子を嫌いだす。

8）M夫の転勤
　そのうちM夫が転勤になり、A夫とB子は穏やかな日々を過ごす。時々M夫一家は帰ってくるが、孫がやさしく、関係が良くなっていった。
　しかし、Y子は嫌いで、あまり寄り付かない。M夫も気に入らないことが多くあるが、一人息子で大切に育てているので、嫁が悪いと責任転嫁している。

9）医師に連絡
　訪問開始10か月頃A夫の失禁が始まった。量は少ないが便が落ちていたり、脚

についていることもある。プライドの高い人なのでさりげなく拭く。食欲はある。物忘れがかなり顕著に出たので医師に相談に行く。主治医は様子を見ましょうと言う。

　近所の友人がおかずやめずらしい物の差入れをしてくれる。O江やS子は毎日B子を招いて茶や菓子の接待をしてくれる。A夫は寂しがり、すぐ電話をかける。「すぐ、戻ってこい」と帰るように言う。B子は「もう少しゆっくりしたいのに…」と言いつつ帰る。「今更変わるとも思えないし」と言いつつ食事を作る。B子は高齢のため疲れ易いので、ホームヘルパーが食事の支度をすることを申し出た。最初は遠慮していたが「気兼ねをしなくてもいいんですよ。仕事ですから」と言うと嬉しそうに「お願いしてもいいかな」と言う。煮物や焼き魚、味噌汁、和え物などを好んだ。「仕事が楽になり天国」と言う。もっと早く気付いてあげればよかったのにと反省した。

10）A夫の入院

　夜食のラーメンを衣服の上よりこぼし、火傷を負って、A夫が入院した。B子は夫のいる病院へ通っていたが、シーツやタオルを汚すので洗濯が追いつかず、体調をくずし、床に伏せることも多くなる。近所のS子も暇をみて手伝ってくれるが、S子は車の運転ができないため、ヘルパーが洗濯物を運ぶ。S子は母のようにB子を大切にしていた。

11）A夫の退院

　入院前にはかなり失禁、物忘れが気になっていたが、退院時には改善されていた。散歩に出るようになり、気持も落ち着いてきたがまた、B子に対し外出制限を始める。ヘルパーは、B子も高齢なので息抜きが必要だと話す。しかしA夫は聞き入れない。S子も同じことをいってくれたが、聞こうとしない。自分が不自由なのだから、B子はいつも側に居て欲しいと言う。

　B子は側に居るとうるさいので、自由に出て友人とお喋りをしたいと言う。「戻ってこい」とすぐに電話することは止まず、うっとうしいようであった。

12）息子の単身帰宅

　4年余り過ぎて、M夫が転勤で帰ることになったが、Y子は子どもの進学があるので帰らぬという。二人の孫の卒業まで別居し、M夫はA夫、B子と同居。援助は有料となるため、A夫の希望で2年位停止となる。M夫は重役となり帰宅の遅い日が続く。B子には負担が大きいため派遣再開となる。孫の大学卒業後Y子が帰宅すると伝えてきた。

13）Y子とのいさかい

　Y子の帰宅についてM夫、S子、O江、民生委員らと相談するが、A夫がゆずらず同居を拒否。翌日、嫁のY子が訪れ、A夫といさかいをする。2か月後、B子が倒れ意識が戻らず、近所のS子が呼ばれる。S子夫婦が布団に寝かせ、医師を呼び、やっと意識がもどる。S子がM夫に連絡する。しばらく通いでY子に炊事を手伝ってもらうことにする。今までは月・木にヘルパーが行っていたが、月・水・金の3回訪問とし、Y子は火・木・土と来ることになる。B子も回復し始めると、Y子との間がしっくりいかなくなる。昔からのいきさつと価値観の違いが不仲の原因であった。

14）A夫の入院

　A夫、B子は良い状態や軽い病気を繰り返しながら、また1年あまりたった頃、A夫が肺炎で入院。状態が悪く、死ぬのではないかと心配された。Y子もB子に代わって付添いをすることもあった。B子も精神的にも肉体的にも疲労しており、寝込むようになった。Y子に病院のほうをまかせ、ホームヘルパーと近所のO江、S子、T、Uで対応する。M夫もA夫の見舞に行くが、A夫の意識がはっきりしない。1か月後A夫も落ち着き3か月後に帰ってくる。

15）A夫の退院

　A夫の退院により生活は落ち着いたが、M夫より家を新築して同居したいと相談があった。A夫は入院時に置いた数万円の金と見舞にもらった金をY子が抜いて取ったので、とても同居はできぬという。突然B子の親友Oが死亡し、B子

が床に着き、起きられなくなったこともあり、S子やB子、Tも加わり相談するが、A夫の態度は変わらない。2週間後、B子も少しずつ落ち着き、元の生活にもどりつつある。今のところ、A夫、B子の生活をホームヘルパーや近所で支援し、M夫やY子や孫も時々は訪れるということでやっている。医師の往診は2週間に1回である。A夫のY子に対する不信感が取れぬかぎり、同居はむずかしいと思われる。

第3節　日中独居ながらも親族とのふれあいのあるS子さん

（キーワード：中度痴呆（認知症）　失禁　ホームヘルプ　連絡ノート）

1．事例
S子　女性　83歳
2年前交通事故に遭い、後遺症による中度痴呆がある。

1）家族関係
長女K子（58歳）と同居。K子は生活のため母を残し、仕事に出ている。K子の息子J郎は隣町に住んでいるが、妻が病弱で入院しているため、S子からはひ孫にあたるA子、B夫、C子を養護施設に預けている。

二女M子は近所に嫁いでいる。夫であるN夫は年が違うため年金を受給しており、M子が働き、大学生I郎、看護学生T子、高校生H子を育てていた。

S子は若くして夫を亡くし、苦労してK子とM子を育てたうえ、孫たちの面倒もみており、孫たちからは慕われていた。

2）申請

民生委員D子より、近所に気の毒な人がいると連絡があり、M子と連絡を取り、担当主事と訪問する。訪問したときS子は失禁しており、布団までびしょ濡れであった。

　同居のK子は朝8時頃出勤し、夕方6時頃帰宅する。その間S子は一人で留守番をしている。調子の良い日は一人で排便をし、おむつを当てることができるが、調子が悪い日は、この日同様濡れたままでK子の帰宅を待つ。布団、シーツ、毛布、オネショパッドと洗濯物が多く、雨が続くと干場に困る。

　退院時は足が丈夫で、500円玉一つで大阪へ行き保護された。無賃で高松に行ったこともあった。

　最近は足が弱り、近所の畑へ出かけるだけとのことであった。M子や孫たちも協力するとのことであったが、上司からK子が働いており、所得税がかかっているため、派遣は出来ないと言われた。上司に頼んで昼休みに1時間以内での訪問をボランティアで行かせて貰う事にした。週3回訪問でやってみることにする。

3）初回訪問

　午後12時30頃に訪問すると、一人で食事をしていた。おむつがずり落ち、尻が半分出ていた。挨拶をすませ、部屋に上がる。S子はホームヘルパーを一瞥すると、そのまま食事を続けていた。

　M子に頼まれて来た旨伝え、ベッドメイクをしてもよいかと尋ねると、上目遣いに見ている。布団の上の毛布が濡れていた。毛布を取替え、トイレに誘うと素直に従う。排尿の後、手早くおむつを替える。手を洗わずに出てきたのでオシボリを渡すと「あんたも食べなさい」とふかし芋をくれた。

4）"交換日記"と出納簿

　数回目の訪問日は暑い日であった。「アイスが食べたい」と突然いうので、小さい2本入りのアイスを買い、分けて食べた。今後のこともあり、主治医を訪問する。

　主治医によれば血圧も内臓も異常なく、とくに問題はないとのことであった。S子に主治医に会ったことと何を食べてもよい旨を伝える。S子は好き嫌いもな

く、食事もよく食べる。おむつ交換時尻の湿疹が気になり、広告紙の裏に主治医と会ったこと、湿疹が出ているのでタオルで拭いたことなど書いて机に置く。

次回訪問すると、ノートと小さいビンに入れた1,000円があった。ノートには、風呂に入れて湿疹の薬を付けたこと、この金でおやつを買って欲しいということが書いてあった。

1,000円であんパンとりんごを買う。ノートの後を出納簿とし、記入しておく。

ノートにはM子からの伝言をはじめ、孫のT子は看護師の卵としての目で"S子ばあちゃん"の介護を書いており、H子は高校生であっても驚くほど細かくケアをしていることが記してあった。また、ある日家族でS子おばあちゃんを食事に連れていったとか、祭に行ったということなども書いてあった。同居のK子は日常生活の面倒は見ていたが、控え目な人で、ノートに書くことはめったになかった。しかし、きっちりと食事は作ってあった。あまりにも洗濯物が多いときは干し切れずに残っていた。次々と汚すので乾いた物を取り込み、洗濯物を干しておく。

5) 熱を出したS子さん

ある日訪問すると、S子は赤い顔をして寝ていた。食事にも手をつけていない。「何も欲しくない」と弱々しくいうS子の声に、ホームヘルパーは急いで主治医の所に走る。午後の診察の前であったが、往診してくれた。

風邪だとのことであった。医師が帰って10分程して薬を取りに行く。薬を飲み、プリンとアイスを少し食べる。着替えをいやがるので、背中にタオルを入れておく。頭をタオルで冷やす。私が心配そうに見ていると、じっとこちらを見ていたが、リンゴを欲しがった。すりおろしたリンゴ半個を食べるとやっと眠りにつく。片づけをすますとノートに様子を書いたが、気がかりでM子の夫に電話をする。N夫が来てくれたので、K子かM子が帰るまでお願いして帰る。

6) お尻を出して寝ているS子さん

ある寒い日、声をかけたが返事がない。急いで上がってみると、S子は布団からお尻を出して寝ていた。大きい目でぎょろっと見たが、何も言わず横にな

っている。寒いのに何があったかと目を走らせる。少し離れたベッドの隅にオムツがあった。幸いにも便の状態が良く、他についていなかった。食事も取らず、尻を出し、なすすべもなく横たわっていたため、鼻水が出ていた。湯を沸かして尻を拭き、衣類を替え、足浴をし、手を洗う。落ち着いたS子は穏やかな顔になり、温めた食事をとる。

7）ひ孫の手紙と絵

　訪問するとおばあちゃんの絵と習字が2枚、手紙とえびせんとあめが置いてあった。その日は調子がよく、K子やM子、孫やひ孫のことについて話してくれた。二人でえびせんをつまみながら話をする。痴呆とは思えないほど穏やかなS子であった。

8）便所がない

　訪問を始めて1年半ほど経った頃、低所得世帯のみの派遣から所得税を払っていても有料で訪問出来るようになった。私たちの願いが届いたのである。ボランティアでなく、正式な派遣になり、他のホームヘルパーと同行する。小雨が降っていた。家の前の畑にS子がうずくまっており、近所のP子が困惑しきって傘をさしかけていた。P子はホームヘルパーと顔見知りだったのでヘルパーの顔を見るとほっとした顔つきで言った。「ホームヘルパーさんいいところへ来てくれた。ばあちゃんがトイレに行きたいのに大便をする便所が無いので捜していると言って、ずっと座っていて、動かないので困っている」と訴えた。

　「家にもトイレがあるのでは？」と尋ねる私に、「あれはオシッコの便所。大便のできる便所を捜しているの！」ときつい口調で言う。「一緒に捜しましょう」と言うとついて来た。家のトイレに誘導し、「ここに大便のできるトイレがありましたよ」と言うと納得する。後で、同行のホームヘルパーには、こちらの意見を押しつけず、S子の話を聞いて、気持ちにそって行動して欲しいと頼んでおく。

　同行のホームヘルパーと交替し、2か月が経った頃、K子が定年になり家にいることになった。そこで派遣は中止になった。人間関係の大切さを感じる事

例であった。

第4節　在宅を選択し、生活を楽しむ生きかたをみつけるまで

（キーワード：家族　生活費　民生委員　保健婦、ボランティア）

1．事例
　A夫：男性、72歳、一人暮らし。

1）家族関係
　娘42歳、軽度知的障害で更正施設に入所中。孫22歳、市内の建築会社に勤務、軽度知的障害があり、ほとんど家に寄りつかない。妻は12年間入院し、A夫は毎日通い、食事をさせていたが、1年前に死亡。A夫は、妻の死後、足が弱り自転車につかまりやっと歩いている姿を見かけるようになった。ヘルパー派遣の申請を勧めると、一人で自由でいたいと拒んでいたが、まもなく転倒し入院となる。

2）A夫の希望と話し合い
　数か月後、D病院のケースワーカーより退院するにあたり、今後の生活についての相談があり、役所の主事、ホームヘルパーと病院のケースワーカー、訪問看護の保健婦と本人とで話しあう。
　A夫はまだ施設には行きたくない。在宅でのんびり暮らしたいという希望であった。
　ホームヘルパーもケースワーカーも、保健婦もA夫の家の状態を以前から知っていた。ホームヘルパーは布団1枚のスペースしかないので片付けたいと申し込んだ。A夫より了解を得る。A夫はトイレが使用できないため、外で排泄をしていると訴える。保健婦より夏に向かい不潔であるので、汲取りに来てもらい、トイレが使用できるようにしてほしいと提言がある。本人はどうしたらよ

いかわからないので、頼んでほしいということになり、保健婦が電話する。

　ガスコンロはガス業者が危険防止のため、引き揚げてしまっていた。携帯ガスコンロで間に合わせるようホームヘルパーから提言する。水道は3か所使用できるとケースワーカーより報告があった。洗濯機はA夫が転倒するまで使用していた物があった。A夫も洗濯は自分でするというので、シーツなど大物を除いて、本人が行うことになる。

　経済面はどうか尋ねてみた。本人より土地を売った金を寺に預けてあり、必要時に出してもらっているとのことであった。本人が寺に電話し、用意してもらって、ホームヘルパーが取りに行くことにする。夏が近いので食中毒の心配があるという意見で一致し、検討の結果、3万円を限度に中古でいいから冷蔵庫を買うということで、A夫より了解を得る。保健婦より、今のところ足は多少不自由であるが、身体には異常がなく、足元に気をつければ、在宅で問題なく暮らせる。むしろ住み慣れた家で知人の助けを借りて生活したほうがよいと医師からも助言があった。

　ともかく本人の希望である在宅での生活を、医師、訪問看護婦、ホームヘルパーで対応することになる。初回訪問は4人のホームヘルパーで出かけ、本人の承諾を取りながら不用品の整理を行う。長い間、物に囲まれて生活していたため、とまどいもあるらしかったが、足が不自由で片づいていないと転倒の心配があることを承知しており、積極的に捨ててくれと言うほどである。障子やふすまを入れ、やっと家らしくなった。ゴミは34袋もあり、訪問ごとに2袋ずつ持ち帰ることにする。不用品売場で、3万円の冷蔵庫と、携帯ガスコンロを買う。電気釜とポットを買い、生活の準備は出来た。

　A夫は自宅に帰るやいなや野良猫や野良犬に餌を与え、猫3匹、犬1匹の大家族になった。ホームヘルパーが調理をしてテーブルの上に置くとA夫より先に猫が来る。追い払ってもすぐ戻り、A夫と

一緒に食べる。猫を叱ると子どもが叱られるみたいでつらいと言うので、別の皿に分け、猫に与えることにする。

A夫は今までも困難なことが起こると、寺や民生委員に電話をかけて相談し、問題解決をはかっていた。

ある日訪問すると茶碗や皿が全部割れていた。「どうしたのか」と尋ねると、孫が来てお金を無心したので、「無い」と言うと「お寺に電話して」と言い電話すると3万円持っていった。「生活出来なくなる」と怒って食器を割ってしまい食器は皆無となった。次に行く時、頂き物の食器を持っていった。

訪問看護は週1回の予定であったが、近くに来たときは必ず顔を出し、A夫の手助けをしてくれた。交換ノートを置き、関係する人が記入し、情報交換をした。急ぎの用件のときは電話で連絡しあう。できるだけ本人の意志を尊重し、介護や援助を行う。

まもなくA夫の精神が安定してくると趣味や興味のあることもわかり、相談してテレビを買うことにする。A夫は歌舞伎や芝居が好きで、毎日テレビを見てはホームヘルパーに説明をしてくれる。

ある日、清拭を行いながら、これから寒くなると暖房も十分できず風邪をひく心配があるため、デイサービスで入浴することを勧めてみた。意外にもすんなりデイサービスに行くことを了承する。

役所に帰り、申請手続きをする。間もなく措置されおめかしして迎えのバスで出かけるようになる。A夫はセーターとズボン、ジャンパーを新調する。デイサービスの前日に下着や靴下、セーター、ズボン、ジャンパー、靴を整えて置いておくと安心した。慣れるまでヘルパーが訪問し、用意を手伝う。当日は早朝より衣服を着替え、帽子を被り、迎えのバスを心待ちにしていた。

A夫は、「寮母がやさしく、気配りをしてくれ、散髪や髭も剃ってくれた」と話す。また、「だれからも大切に扱われる自分は幸せだ」と繰り返しうれしそうに話す。

そのうち、娘が施設の誰かともめたらしく、施設から勝手に帰ってきた。当分家にいるという。また、生活費のことが気になるらしく食器が全部割られていた。事情を聞くと、「娘が勝手にお寺に金を貰いに行った」と不機嫌だった。

そこで民生委員と相談し、A夫が連絡しない場合は金を出さないように依頼した。多少ごたごたしたが娘も施設に帰り落ち着いた生活が戻った。

　デイサービスの寮母はホームヘルパーと仲の良い人で、いつも親切にしてくれると言うので、昼休みの時、弁当持参でデイサービスを訪問した。いつも親切にしてもらうことのお礼を述べた。寮母は何時もと同じ笑顔で「A夫は優しい人で皆と同じにさせてもらっている」と言うがA夫に対する細かい気配りに感謝した。

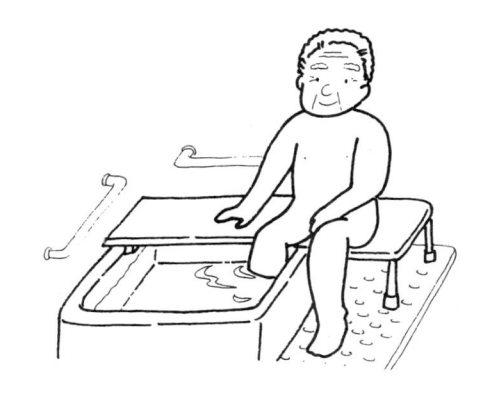

　A夫は自分のいる場所があり、自分で考え、選択しながら自分のペースでゆっくり生きることができるから幸せだと言う。この幸せは、大勢の人の地域支援ネットワークに支えられたものである。

第5節　姑と嫁の歴史と介護のむずかしさ

（キーワード：嫁と姑　不仲　虐待というか）

1．事例

　B子、女性、82歳。長男47歳、嫁C子47歳と同居。

　B子は旧家で資産がある家に生まれ、やさしいと評判の夫を養子に迎え、3人の子どもに恵まれた。B子は自尊心が強く、わがままであったが、夫はB子に逆らうこともなく、家族を大切にした。

　長男が恋愛し、C子と結婚したいと話したとき、代々受け継いできた財産を託すために自分の姪と従兄妹同士で結婚させたいと望んでいたB子は猛反対する。長男は家を出て、C子と結婚する。たまに訪ねてもB子は貧しいC子の実家

から初着が届かぬとか雛人形が小さいとつらくあたる。B子の夫はいつもC子を
かばってくれたが、50歳すぎで他界してしまう。

　その後二男夫婦がB子と同居するが、まもなくすぐ近くに家を新築して別居し
たいといったことから険悪な状態となり、もめた。二男はさっさと転勤してしま
う。それからめったに帰ることもなく、B子と会うことを避けるようになる。

　長男は、母を気遣い実家に行くことが多くなる。C子は行きたくなかったが、
長男の嫁として、盆、暮れや彼岸には墓掃除をし、祭りごとに帰った。B子は
年とともにわがままになり、C子には相変わらず冷たくあたった。C子の2人の
子どもは成人し、近くで独立した。

　2年前B子が脳梗塞で倒れ、C子の名を呼んでいるというので長男夫婦がかけ
つける。

　入院中C子は献身的に看病した。病状は回復しているようにみえたが、2度
の発作で寝たきりとなり、軽い痴呆も出はじめる。病院から老人保健施設に移
り特別養護老人ホームへの入所を勧められる。

　B子は家に帰りたがり、長男も連れて帰りたいと言うので、在宅介護のため
に同居する。古い家であり、台所と風呂場を改造し、ベッドを社会福祉協議会
より借りる。ベッドを起こし座わらせると自分で食事摂取できる。排泄は足が
立たないので、おむつを使用する。

　もともとやさしいC子は、昔のことは忘れて介護するつもりでの同居であった。
訪問したとき、C子は外出より帰ったばかりで、手早くおにぎりを作り、煮物を
小鉢に入れ、好物のコロッケを皿に盛り、おしぼりを付け、B子の所に運び、手
の届かない所に置いた。C子はヘルパーを隣の部屋に案内した。隣から「C子さ
ん、C子さん」と呼ぶ声がした。「C子さん、すみません」とB子の声が聞こえた。

　C子は涙を溜めながらホームヘルパーに訴えた。夫の母であるB子にいじめら
れ続けたがB子が倒れたときは驚き、入院中は一生懸命看病もした。しかし在
宅介護を始めるといつ終わるともしれぬ先の見えぬ不安や不満から姑との今ま
での歴史が重なり、つい手の届かないところに食事を置いてしまう。B子の「す
みません」の一言を聞くと心が安らぐと言う。ヘルパーはC子の長い間のつら
く悲しい気持ちを受け入れることが最優先の仕事と感じる。

ホームヘルパーがC子と話をしながら入浴させるとき、B子はうれしそうに、にこにこしている。入浴準備や片づけのときC子の話を聞き、彼女のだれにも言えない心に秘めていた悲しみや苦しみを聞いた。C子はヘルパーに話すことにより心が安定し、食事を取りやすい所に置きB子にやさしくできるようになる。間もなくB子は発作を起こし、入院中に亡くなった。介護者を理解することも大切な仕事である。

第6節　自分の骨を誰に拾ってもらうのか

（キーワード：孤独な老人　娘の出現　関わり）

1．事例

K夫、男性、82歳、一人暮らし、市内に別れた妻と娘が3人いる。

K夫は妻と死別したと言っていたが、それは内妻であり、前妻との間には子供が3人おり、3人目の子供を妊娠したとき、産まないようK夫が主張したにもかかわらず前妻は、出産した。障害のある娘が生まれたことで喧嘩がたえず、酒を飲み、妻子を殴り、とうとう離婚した。今は年金生活で多少の貯えもある。脳梗塞で左半身に麻痺が残ったが、軽く、自立している。ご飯は炊けるが、おかずは作れない。洗濯はできるが、きちんと干せない。洗濯物干しはホームヘルパーがする。いつもおだやかでにこにこしており、若いときの面影はない。死んだら献体するというのが口癖であるが、身内の話はしない。近所との関係はよく、時には近所の人よりおかずの差入れがある。

借家は古いが近所との関係はよく、一緒に飲みに行ったり食事したりして仲良くしている。ある日、ホームヘルパーが入浴準備をして帰った後、入浴中にお風呂の戸が開かないと大声で助けを求めた。しかし、家中鍵がかかっていたため皆で戸をこじ開けて助けてもらう。その後、プラスチックの洗面器に焼けたような跡ができており、K夫に尋ねても首をかしげるだけであった。本人も、多少は気になるらしく、自分が倒れたらどうなるだろうかとか、入院しようか

と言いだす。相談にのるうちに、妻子のことをポツリポツリ話しはじめる。金をどうするか、骨は無縁仏になるのかと不安気に話す。何十年も前に捨てるようにして別れた妻子に、助けは求められないと思いつつ、死後の骨がどうなるか心配している。思い切って娘に連絡してみてはどうかと提案する。迷いながらも連絡してみたいと言う。住所を頼りに娘の電話を捜す。意外にも娘は父のことを案じていたが、どこにいるのかわからずにいたとの返事であった。そのうちに暇をみて訪ねるという返事で、K夫は心のつかえが取れたと涙ぐむ。それからは少しでも娘に金を残してやりたいと思いはじめたらしく、「無駄遣いはやめる」と言う。「食事は何より楽しみなので今までどおりでいいが、服や装飾品はもう買う必要がない」と言う。出来るだけ倹約しようと決心をし、娘の来るのを楽しみにする。

　それからは安定し、少し元気が出る。2か月後に娘が電話をかけてきたとの報告がある。さすがにうれしいらしく、元家族の様子を詳しくホームヘルパーに説明しながら、「自分は若いとき家族にとってよい夫、よい父でなかった。酒を飲み、外へ遊びに行き、非難や注意されると暴力を振るう、ずいぶん自分勝手な生きかたをしてきた。苦しめてばかりいたので、とても振り向いてもらえない」とあきらめていた。長い時を経て、娘も父を許し、案じており、やさしく声をかけてくれた。娘の夫は数年前に死亡していたが、息子の家族と同居して幸せに暮らしていた。「自分の幸せを思うにつけ、父をなつかしく思うようになった」という。

　K夫の妻は、軽度の身体障害と軽度の知的障害をかかえた三女と暮らしており、穏やかに暮らしているため、「もう会いたくない」と言ったという。

　今までの自分の生きざまを反省し、娘にだけはやさしくしてやりたいというのが、K夫の口癖になった。預金より金を引出し、娘に渡そうとしたら、娘は笑って受取らなかった。反対に、菓子や果物が届けられたり、すしが届けられた。K夫は果物を口に運びながら娘との絆が切れておらず、やさしくされる幸せをホームヘルパーに伝えた。

　12月のある日、プラスチックの洗面器をガス台にかけ、湯を沸そうとして水びたしにした。すでに床は拭いてあったがガス台の上と下は水だらけである。

以前はやかんで沸かし、プラスチックの洗面器に移して洗顔していたが、十分判断ができなくなったのである。火事になる危険があるのでステンレスの洗面器を用意する。そのころよりK夫は首をかしげる日が多くなり、「おかしい」を連発しはじめた。K夫と話し合い、病院に連絡する。往診に来た医師より脳の血管障害が進んできたのではないかと言われ、検査を勧められるが、K夫は在宅を望んだ。娘に相談すると医師と同じ意見であった。K夫は娘の話に納得し、入院することになる。

　ホームヘルパーが用意をしていると娘が来た。後のことは心配ない、と言う娘の声はやさしく、力強い。K夫はうれしそうに娘の自動車に乗り、入院する。K夫は軽い発作を起こし、回復するという状態を2度くりかえす。

　本人と娘と病院、特別養護老人ホームで話し合いをし、特別養護老人ホームへの入所申請が出された。5か月半後、K夫の入所の日、娘よりK夫の冷蔵庫、コタツ、布団などの寄贈を受けた。それらの品物はまもなく退院する別の障害者の人に利用されることとなる。

　入所5日目にK夫を訪ねたが、私がホームヘルパーであることの認識すら出来なかった。穏やかに笑って頭を下げただけであった。

第7節　尊厳ある人として

　事例1の場合、本人の在宅希望を可能にするため、他職種の人と協働し、隣の人の協力を得て支援した例である。

　事例2は、別居する家族に配慮することにより、家族関係の安定を図ったものである。

事例3は、長い間別れたままであった娘との交流が始まり、再び家族の絆を取り、もどした人の話である。
　高齢者もかつては若いときがあり、一生懸命に生きてきた。幸せなときもあったであろう。つらい人生であったかもしれない。そうした高齢者の額や手に刻まれたしわの一つひとつにそれぞれの生きた証がある。
　家族に囲まれて幸せそうにみえていても、孤立していて死にたいと口にする人もいる。
　介護の場つまり生活の場が施設であれ、在宅であれ、その人らしく生きていけるよう援助する必要がある。介護職の現場は忙しく、毎日あわただしく仕事をしている。しかし、どんなに忙しかろうとも、それぞれの高齢者が「自分らしく幸せな人生であった」と言って死ねるような介護でありたいと思う。誰に対してもその人の尊厳を守るケアをすることが求められている。
　認知症（痴呆）について、このケースから多くのことを勉教させてもらった。痴呆になると何もわからなくなる訳ではない。痴呆でも自分なりの思いは残り、快・不快ははっきりわかる。良い日と悪い日の差がある。なによりも接しかたが大切である。一人で支えるのは大変でも家族や近所の応援があればケアしやすい。また不快なことがあると、判断できずパニックを起こす恐れがある。時間をかけ、ゆっくり話しをする。話が通じなくても分かろうとする姿勢が安心感を与える。
　その後、町でM子や主治医に出会うと、S子さんの話を聞くが、大切にされているとのことであった。今から考えると少し道を外れていたとも思うが、必要なサービスを求めるためにはそれなりの実績がいることが分かる。上司には申し訳ないことをしたと思うが制度を変えるのは、やはり現場の人間であるという思いが強くなった。

第3章
介護福祉の精神障害者への援助

第1節　障害者のための訪問介護

１．在宅福祉を考える専門職とホームヘルパー

　倉敷市のホームヘルパーは利用者本意のサービスを考える仲間がいて、どうすれば、使い勝手が良くなるかと、仕事が終わり、夜に集まり検討していた。忙しい仕事の後、夕方に集まり、お茶を飲みながら議論した。2割くらいのホームヘルパーは制度を変えても、良くしたいと思っていた。勉強し、試行錯誤を繰り返した。上司に相談しながら、何とか障害者の人の尊厳を守りたい、高齢者の思いを分かってほしい、いずれは皆高齢者になるのに、あまりにも関心が薄い、と嘆いたりもした。

　他の専門職の人々とネットワークを持ち、学習会を月に1回行い、倉敷市の在宅を良くしたい、施設入所の改善、病院の退院をどのように支えるかなどを議論してきた。その時、ホームヘルパーのあり方などについても、度々議論された。その後、別の学会でも、まとめて発表した。以前のホームヘルパーの制度やあり方なども記録として残しておく必要があると考え、掲載しておく。

　これからは、身体障害者も介護保険に入れてくると考えるが、今は支援費と介護保険の両方を使用することが可能であり、手厚い介護がなされている場合もあるが、今大きな問題点は、要支援と要介護1を介護保険から外そうとしていることだと考える。

　確かに外国でも介護保険は介護や入所を余儀なくされた人のものという考えはあるが、生活を支えるとは、どういうことなのか、考える必要がある。要支援や要介護1の人の生活をどう支えていくのか、しっかり議論をして欲しい。

行政も最終的な責任を考えて欲しい。

　北欧のように配食を充実させ、生活を担保するつもりであろうか。それはそれで意義のあることと考える。しかし、外国の食事は日本ほど種類が多くない。日本の食事は多種多様である。好き嫌いもあるが個人の希望に添うものとなると、かなり困難かも知れない。障害者の場合は若い利用者も多く、ニーズはもっと複雑であろう。

　障害者と言うことで私たちは意識しないで、なんとなく違う人という感覚がある。障害者は違う人でなく、まったく同じ人間である。

　そういう筆者も障害者の友人が多く、自分では全く差別をするつもりは無かった。ある日、視覚障害の友人であるT子の家を訪問した。T子は弱視で、ぼんやりと見えていた。優しい全盲の主人と子供が二人いた。高校生の息子と大学生の息子がおり、息子のために食事のレパートリーを増やしたいと考えており、相談を受けた。

　材料と日用品を買いに行く。下ごしらえを一緒にしながら話していた時、ふと気が付いた。T子の出来ないと思うことを、さり気無くホームヘルパーが手を出していた。これは意識していないが「自分は健常者だから助けなければならない」という風に考えていて、T子と同じ目線でなく、少し上から見ている自分に気付いた。思わず、「出来ないことをして上げようと思っていたけれど、これは無意識の差別かも知れない」と言うと、「よく気が付いたね。私は貴方を良く知っているが、知らない敏感な人は差別と思うかも知れない」と笑ってい

た。その人のためにと言いつつ、傲慢な自分がいた。それ以来「出来ますか。手伝いましょうか」と言うことにした。

　障害者の残存能力を知ることと、それを出来るだけ活用してもらう。出来ない部分をホームヘルパーが支える。

　自己決定が出来るように気をつける。自己決定した時は自分の判断に責任を持つ。そうすることが、自分の生活を守ることであり、自分らしく生きることを継続することである。そのためにホームヘルパーの存在価値がある。

　支援費の時代は短期のものと考える。その後の介護保険に合流する時、どのように組み込むのか議論を要するところである。

２．福祉事務所における在宅福祉サービス

　介護保険以前、岡山のホームヘルパーと倉敷のホームヘルパーは料金に違いが有ったので比較してみた。

　市のヘルパーは国や県や市から費用が出ている。利用者が申請を出すと調査に行き、措置をされて、訪問を開始する。料金は１時間につき無料から860円までA、B、C、D、E、F、Gという階層に分かれている（表１）。対象者はおおむね65才以上のお年寄りで、老衰や病気などで日常生活を営むのに支障のある人、身体障害者で日常生活に困っている人、もしくは心身に障害がある人のいる家庭に訪問することとなっている。運営主体（市町村）により要綱が異なるため、仕事の内容も少しずつ異なっている。

　岡山市の場合、ホームヘルパーとガイドヘルパーが同じ要綱であり、派遣費用が無料のものは市で行い、有料のものは社会福祉協議会に委託していた。市は月曜より金曜まで社会福祉協議会で月曜より土曜まで派遣されていた。倉敷市の場合は視覚障害者のガイドヘルパーは別要綱で扱われており、家事、通院介助、身体介護あるいは家事と介護が組み合わさっているものの派遣が市のヘルパーで行われ、介護のみの派遣は特別養護老人ホームへ委託されている。特別養護老人ホームのホームヘルパーは入浴を主な仕事ととらえ、家族がいるもとでの派遣であり、一人きりで準寝たきりの人は市のヘルパーで扱っていた。派遣の申請は福祉事務所に直接申し込むか病院から連絡が多く、本人や家族か

ら、直接申し込むことができる。

　最近、病院から帰る人は、以前では在宅で生活することは難しいとされていたような人も帰っている。そういう場合、帰宅時訪問で医療機関の人や福祉関係の人やヘルパーで対象者宅に集まり、在宅生活が成り立つように相談する。ヘルパーは何曜日に行くか、ヘルパーの仕事内容、訪問看護や往診はいつ行くかを決る。大勢の専門職の目で見て、ケアマネジメントするとその人に合った計画が出来る。重介護者の帰宅時にはぜひ取り入れたい方法である。

　重介護者は家事も介護も切り離せない。その時、医療機関の判断もなされており、いざという時の連携もとりやすく、指導も受ける事ができる。そのためケースワーカー、PT・OTや医師、看護師とも連絡をとり利用者の生活をトータルに考えることができる。入浴に対しては、いろいろ問題もある。しかし、入浴を一人でするのは不安な高齢の老人が在宅には大勢いる。家族がいても入浴させることが出来ない老々介護では、ホームヘルパーが頼りにされる。

　また各種援護制度の相談（デイサービス、ショートステイ、生活保護、日常生活用具の給付等）とか通院方法、家族関係、病気の悩み、死の不安、食生活や栄養について、様々の相談を受ける。

　また家族関係については、ホームヘルパー派遣により、家族関係が阻害されることなく、うまくいくようにケアしなければならない。私達が行くことにより、より長く在宅での生活が可能になるよう援助する必要がある。60〜70歳の老人で元気にゲートボールやカラオケに興ずる人々は、人生をエンジョイすれば良いのだが、病気を持つ老人、あるいは特別な病気はなくとも体力の衰えた人には、何らかの援助が必要となる。

　風呂まで足があがらない、階段を降りることが出来ない、歩くのが不自由でよく転ぶ、つかまっていないと立っていられない、それでも自分ができることは頑張って家で自由に生活したい、そういう人を支援するのが私達の仕事なのである。

　ニーズもずいぶん変わってきており、炊事・洗濯・掃除ができればだれでもよい時代から、朝食までに、昼食までに、夕方に来て欲しい、夜寝る前に来てほしいというように、いつでも必要なときに派遣されるようになった。一般的には

一日一回か2～3日に一回で良い人が多いが、必要とあれば15～30分の派遣や、1日に何回も派遣が必要とされる時代となった。かっては9：00～17：00までだったが、もう少し早朝に来てほしいという要望や、17：00すぎての仕事も上がってきたが要綱に合わないため特別の場合を除いて行く事ができなかった。

盆正月も家族や近所の援助がある人には、これも大切なインフォーマルの介護者なのでお願いするが、これも望めない人はやはり責任を持ってホームヘルパーが援助すべきである。しかし、現実には、ほとんどの事業所が休み、一部の事業所に正月、祭日派遣をまかせ、自分たちは休んでしまう。それが悪いと一口には言えないが、もう少し何とかならないものかと思う。採算の合わないものは、行政の責任で行なって欲しい。オーストラリアでは、休日のショートステイは割り増しであった。国民が休む日だからである。日本でもせめて、正月やゴールデンウイークには、割り増しで支払って欲しい。365日高齢者や障害者は生きているのである。介護は必要なのである。

最近のことであるが宮城県の浅野知事が知的障害者の施設を無くして、地域で生活出来るようにするとの新聞記事を読んだ。

グループホームや作業所も利用者自身が企画し、家族の思いで、縛られない自由なスタイルのものが出来てきている。精神障害者のデイサービスもまだまだ不足している。そうした谷間の人をどう支援するのか、真剣に考えたい。

今こそ、行政もホームヘルパー自身もニードについて真剣に考え、方向性、位置づけを明確にする時期と思う。プロとしての意識を持ち、専門職になりうるよう、技術を高め、信頼されるヘルパー制度にしたいものである。

表1　ホームヘルパーの派遣の費用（福祉事務所）（介護保険前）

A	生活保護法による非保護世帯。（単給世帯を含む。）	無　料
B	生計中心者の前年（1月から3月までにあっては、前々年。以下同じ）所得税非課税の世帯。	無　料
C	生計中心者の前年所得税課税額が10,000円以下の世帯。	250円
D	生計中心者の前年所得税課税額が10,001円以上30,000円以下の世帯。	400円
E	生計中心者の前年所得税課税額が30,001円以上80,000円以下の世帯。	650円
F	生計中心者の前年所得税課税額が80,001円以上140,000円以下の世帯。	800円
G	生計中心者の前年所得税課税額が140,001円以上の世帯。	860円

第2節　精神障害者への援助

1．はじめに

　ホームヘルパーの仕事において、精神障害者の人は対象から外されていた。精神障害者といっても統合失調症のみならず、躁うつ病、神経症、人格障害、アルコール依存症など様々な症状が出る。そうした人も障害者として手帳がある場合、親が同居している場合、本人が高齢である場合は訪問している。しかし、親が死亡し、本人が高齢でない場合、障害手帳が無い場合は派遣停止となり、一人で生活することは困難となる。兄弟が引き取ることは子供たちに支障をきたすので拒むため、病院へ入院する以外の選択肢は無いに等しいのだ。おとなしく、母と二人で生活している人達のケアをとおして、自立できるよう援助していく過程を報告する。現在では精神障害者も派遣の対象となっている。

ホームヘルパーの法的根拠
　　昭和37年　家庭奉仕員派道事業の制度化（予算計上）
　　昭和38年　老人福祉法で家庭奉仕員派遣事業を明文化
　　昭和42年　身体障害者家庭奉仕員派遣を行う
　　昭和45年　心身障害児童家庭奉仕員派遣事業を実施
　　　　　　　初老期痴呆の場合は若くても派遣対象としている。
　　　　　　　　（平成3年3月　老人保健福祉部長　通知）
　精神障害者は精神保健法の範中でありホームヘルパーの対象ではない。
　平成11年　精神障害者訪問介護試行的事業が始まりやっと福祉で対応出来るようになる。それまでの取り組みを述べる。

2．精神障害者の状態像

　T雄、45歳男性は仕事をしていたが、34歳頃に交通事故の後遺症から精神障害病になり、入退院を繰り返し、38歳で退院をする。しかし対象者ではない。
　82歳の母親と同居していたが、喧嘩ばかりで母親の精神状態も落ち着かず、

第3章　介護福祉の精神障害者への援助　49

隣が空き家になったので、別居した。母親も脳梗塞の後遺症で軽い麻痺があり、自分のことが何とか出来るという状態で、一日中テレビを見て過ごしている。

母親は町の中心部に住んでいるため、近所の店から出前を取り、惣菜等を注文してたべていた。

しかし、食事があまり取れなくなり、ホームヘルパーの派遣となる。本人の希望で、柔らかく好みの食事を作って欲しいと言うことであった。T雄は隣に住んでいたがあまり顔を出すことは無かった。T雄は仕事が無く、二人とも生活保護を受けていた。母親は几帳面で何時もきれいに片付いていた。洗濯物も大きいものが干せないのでシーツや寝巻き等大きいものを洗う。下着などは自分で洗っていた。布団を干すことも希望していた。しかし、T雄に取入れを頼みたいというと「息子は当てに出来ない。短時間で良いから干して欲しい」というのでしばらく干して、その間仕事を行い、帰り際に取り込むことにする。主任ヘルパーは介護について医師に相談に行った。

母親のほうの症状は問題なく、普通に生活して良いとのことだった。

T雄のほうは隣町の大学病院に行っており、状態がよく分からないとのことだった。しかたなく、大阪に住む妹に尋ねた。妹は兄のことを気にしており、母のためにも病気を改善したいと思っていた。

T雄は外傷による脳の損傷が原因でおこる外因性のもので現実との統合がうまくいかないため人間関係が上手くいかず、すべてのことに意欲がわかず、引きこもりになっていた。

現実にはありえないといいながらも、混乱し、現実と幻覚や幻聴との境がはっきりしない。時々、幻聴が聞こえ、本人も困惑している。

交通事故の後遺症により、神経が集中できず、躁うつ状態が繰り返しおき、うつになるとじっとして動かないため、母が食事を運んでいる。躁になると話をするがとめどなく話し、分からないことや不確実なことも話すので誰も相手

にしない。又うつになるという状態を繰り返す。
　妻子が居たが、交通事故でこんな状態になり、離婚している。子供とも行き来はないということだった。きちんと通院して薬を服用して欲しいと母も妹も願っていた。

3．援助の目標
　T雄はよく分からないが、母親の生活を落ち着かせるために、話し合いをする必要があると考えた。大阪に娘がおり、月に1回の割合で来ていた。しっかりした長女と連絡を取りながら、T雄の生活が安定し、社会との繋がりを深めていきたいと思い、出来ることは少しずつやってもらうことにした。2週間に1度の通院介助を促すことにした。Y雄も何度も話をするうちに少しずつうち解けるようになり、自分の希望や自分でしたいことをいうようになった。無理をしないで落ち着ける場所や話ができる人を増やす必要がある。
　母親に対しても優しくなり、あれほど息子を恐れて、「気が狂いそうだ」を連発していたのに「やはり息子は可愛いが、以前、気に入らないことがあり、自分の掌にナイフを刺すのを見て、怖くて気が狂いそうだった」と言って泣いた。
　ホームヘルパーは息子のために来ているのではない。しかし、母親の精神的な安定がなければ、生活が上手くいかないので手助けをしているのである。

4．精神障害者に必要な援助のポイント
　生活を維持するためには服薬をきちんと守る必要がある。そのために欠かせないのが通院である。通院時は公共の乗り物であるバスかタクシーで行ってもらうようにした。
　そして、出来る限り社会とのつながりを持てるようにデイサービス等を利用出来るよう援助する。その時、本人が納得出来るまで、よく話し合った上で進めていく。信頼関係が出来ると家事援助も一緒に手伝ってくれることが可能となる。干した布団を入れ、座布団を干すようになる。
　薬が少しずつ効くのか表情が明るくなった。ホームヘルパーは自然体で、ゆっくり話を聞く、決して励ましたりあせらせたりしない。十分話せないと言葉

が詰まるが、「別に急がなくて良い」と言うと大きな溜め息をついた。あせらせないように気をつける。自分を追い込まないようにする必要がある。少しずつ話が出来るようになると、母親が期待したり、不安がるとイライラして我慢出来ないらしい。病院も行くがその後が続かず、薬もほとんど飲まなかったという。「誰も相手にしてくれない」と言う不信感のみ広がっていた。

　こうした人達のケアは困難な所もあるが、きちんとしたケアがなされずにいる場合も多い。しかし一人の人間として人権を尊重し、信頼関係が出来ると協力が得られる。

第3節　精神障害者のケアの問題点

1．精神障害者の事例2
　　派遣対象者　　H子（75歳）脳動脈硬化症後、衰弱
　　長女　　　　　Y子（48歳）統合失調症（同居）

　H子が入浴中倒れた後、短期の入院を経て長男、次女が引き取り交代で面倒をみていた。車で40～50分位の他町に住み、それぞれ家を購入している為、働きながらの世話であった。H子はうつ状態になり、食事をほとんど取らなくなり、足も立たなくなってしまう。3か月づつ交代で介護をしたが家庭崩壊寸前となり、Y子の退院を期に自宅に連れ帰る。

　H子、Y子、妹、弟、福祉事務所、主治医、看護婦、ケースワーカーで話し合い、子供達が母親の食事を作って持参する。2週間に1回の医師の往診、訪問看護週1回、ヘルパー週2回2時間で対応することとなる。

1）　身体介護
①清潔
　　整容をしないことや入浴をしないことがある。身だしなみは大切で、自分の気分を良くするためにも他の人に不快感を与えないためにも必要なことなので、話し合って清潔に保つようにする。通院の前には必ず入浴をするよう

習慣づける必要がある。

②通院

　精神障害者に欠かせないのは定期的に通院することである。予約していても薬が出るまでには時間がかかる。利用者本人や家族と連絡を取り、状況や交通手段等についても話し合っておく。通院時に介助した場合は、医師や看護婦に生活援助を行う上での注意事項や薬について聞いておくことも大切であるが、本人の意思や家族の考えも配慮する必要がある。

　状態が良ければ家庭で落ち着いて生活出来るが、いらいらし、落ち着けない様子が見えたら家族や医師と相談する。

　服薬がきちんとされているかどうか、確認を怠らないようにする。いつも話し合って、納得してもらえるように配慮が必要である。納得しない場合はあせらず、時間を書け話し合う。こちらの状態を素早く見抜く勘の鋭さがある。

二人の生活状況

	H子の状況	Y子の状況	改善点
身体状況	・歩けない　布団から一歩も出なかった　・うつの傾向	・歩けない　（はって移動）　・統合失調症	長時間は無理だが近所までは行ける。H子は時間がたつうちに主人の事など進んで話すようになった。Y子は納得するのに時間がかかる。
生活状況	・一階の布団に寝起きする　・風呂に入ったら死ぬから入らない　・子供の作った食事をとる	・二階のベッドで寝ていた　・風通し悪い二階部屋　・風呂が壊れたので銭湯にタクシーで行く　・惣菜を買ったり電話注文したパン、いなり寿司を食べている。レトルト食品はボイルできる。	・Y子は下で寝ていると1年半も言い張ったが、二階の掃除をしてから、二階で寝ていることを認める。　・風通しをよくする　・保健婦に洗髪依頼　・生活保護の住宅修理で浴室改造点火はヘルパー、消火はY子。3人でH子を入浴させるまでになる　・H子が死んだ場合「派遣停止となる為自分で食事が作れるまでになって欲しい」と話し合い炊事をすることとする（週3回に変更）
社会性	・親族、子供、孫は盆、暮れ、彼岸に来る	・姪、甥に小遣いがいると言いつつも、交流を喜ぶ	

2．家事援助
①買い物

　買い物に出かける前に何を買うのか、メーカー、数量、無い場合の対応等よく話し合っておく。気に入らないと交換の必要もある。事前によく確認しておく。

②洗濯

　洗濯物の取り込みやたたみ、片づけ等で出来ることはしてもらう。

③掃除

　いつも母親の横で自分は寝ていると言うが、階段は何時も拭いて欲しいと言うので様子を見ていた。どうもベッドの布団が少しだけ動いており、二階のベッドで寝ている様子であった。しかし使用する部屋のみの掃除のため、下で寝ていると言い張っていた。ビニールの敷物が劣化して、階段に落ちているため、不要で貰っているものと敷き替えたいと言うと「そうして欲しい」という。敷き替えると嬉しそうにあがってきて手で触る。信頼が少しずつ深まっていく。こだわりが強く、ホームヘルパーが話してもなかなか自分の考えを曲げない場合もあるが、他の人に迷惑をかけるのでなければ、おおらかな気持ちで受け止める。時々納得しないことは不満そうな顔をするので、無理強いはせず、落ち着いたら話す。

④炊事

　母親と一緒に生活しているため、二人が食べられるようなメニューを考える。料理の下準備等少しずつ協力してもらいながら自立支援、社会復帰に向けての援助を行う。

　毎日毎日同じものを食べたる。パン、牛乳は欠かさない。

　あせらず気長に信頼関係を作ることにする。

3．食事についての援助

　レパートリーが広がるとやる気になり、自信が持てると進んで手伝ってくれることを期待し、また、外へ目が向けられることも期待したい。

　最初に好物を尋ねたら、親子丼と答えたが、毎日毎日親子丼のみを注文した。

しばらくして、じゃがいもときゅうりをもらったのでサラダにすると、次からは親子丼とサラダになった。時間をかけて、レパートリーを増やすことにする。
①好物を作る（親子丼、）
②レパートリーを広げる。サラダ、野菜いため、焼き魚、高野豆腐含め煮、きんぴら、納豆、冷や奴等も時にはレパートリーに入るが親子丼が多い。
③皮むきの手伝いをしてもらう。玉ねぎしか出来ないという。
④野菜を切るのを手伝ってもらう。出来ないというので様子を見る。
⑤味付けを一度やってもらったが「自分だとうまく出来ないとやりたがらない。

　何とか手伝える物を考えていた。裏庭の柿を取って新聞を敷き、ホームヘルパーがむき始めると、「自分も手伝う」と言う。包丁を持ってくると、皮をむき始めた。ゆっくりだが、自分で確かめるように柿をむき始めた。外の雨のかからない所に干しておいた。しばらくすると干柿を毎日食べるようになる。

　母のところに持参する煮物（野菜）も体に良いので分けてもらって食べるように勧める。

　その頃から、野菜を切るようになった。しかし、野菜を洗わないので、予め、洗っておくことにする。

4．広がる生活
　電話をかけ衣類はカタログ販売で買う。払い込みも毎月1枚ずつお金と共に出すことが出来る。2枚に増えても理解できる。つまり金銭管理は問題なかった。
　何か問題がおきると、ホームヘルパーに電話をしたり、保健婦、病院のケースワーカーに連絡してくる。判断の付きにくいときはホームヘルパーに電話してきたり、兄弟に電話する。つまり必要な所への電話は出来る。
　妹弟も食事はきちんと運んでくれている。兄弟のおかずを姉が食べるようになったことやホームヘルパーが食事作りを援助していることに理解を示し、少しずつ自立に向けて行動していることを評価している。去年Y子は風邪をこじらせ肺炎で入院したがH子は一人で生活出来た。
　H子も洗髪から始まって今では入浴もできるようになり、少しずつ改善されてきている。保健、医療、福祉の連携で家族と共に援助ネットワークが出来つ

つある。

第4節　精神障害者へのホームヘルパー派遣を目指しての運動

1．精神障害の症状
　交通事故や外傷により脳の損傷が原因でおこる外因性のものや、アルコールやシンナーや麻薬による内因性のものや、精神的なショックやストレスが長く持続して起こる心因性のものがあり、現実との統合がうまくいかないため人間関係が上手くいかず、意欲が減退し、引きこもりになることがある。
　現実にはありえないといいながらも、2枚ある襖の真ん中が開いていて人が覗いているという幻覚が見えたり、殺せ殺せというとか、嫁が毒を盛るとかの被害妄想が出現したりして本人も困惑していることも多い。ところが、ホームヘルパーの派遣の根拠は老人福祉法の高齢者と、身体障害者福祉法の身体障害者本人、知的障害者（当時精神薄弱者）福祉法の3法が根拠となり精神障害者や難病の人は派遣の対象ではなかった。何とか根拠を親である高齢者に絡めたり、身体障害の方で派遣にしたり、苦慮していた。今では精神障害者と難病の人もホームヘルパー派遣の対象になっている。精神障害者は何とかして対象にしないと自立は困難と思われる人も多く、ホームヘルパーたちは事例を挙げて、派遣を呼びかけた。その事例を残しておくために掲載する。

2．精神障害者に必要な援助のポイント
　生活を維持するためには服薬をきちんと守る必要がある。そのためには、家事援助と合わせて欠かせないのが通院介助である。通院時は公共の乗り物であるバスかタクシーで行く。医師や看護師との連携が必要で、注意事項や健康管理などの相談をしておく。
　そして、出来る限り社会とのつながりを持てるように公共機関やデイサービス等を利用出来るよう援助する。その時、本人が納得出来るまで、根気よく話し合った上で進めていく。病気の性格上、納得しないと動かない場合もあり、

信頼関係が出来ると生活全体を考慮し、家事援助も利用者と一緒に進めることが可能となる。

3．精神障害者への援助（事例1）

1）精神障害者の状態像

　D、63歳11か月、女性

　Dは美人で、37歳頃に精神病にかかったが、症状は軽く、公務員の夫が家事も手伝い、近くに住む母親と、兄夫婦が協力し、生活していた。娘も成長してから協力していたが、結婚して近くに住む。

　夫は定年後は碁会所に行くのが趣味で毎日のように行くが、家事はDに変わりまめに行なう。しかし、妻にも役割を持たせ上手にコントロールしていた。旅行も好きで一緒に旅行した。Dは夫のカバーで、あまり目立たないように生活が出来ていた。夫婦仲は本当にむつまじく、近所でも評判であった。ところが、昨年突然夫が倒れ、他界してしまい、娘の肩に介護がのしかかる。この春に、娘の夫が転勤で40キロほど離れた町に行くことになり、サービスを受けることになる。

　Dは自分のことが何とか出来るという状態で一日中テレビを見て布団の上で過ごしていた。

　町の中心部に住んでいるため、状態が良い日は買い物に行く。強迫観念のような状態でほとんど外出しない。サービスを利用するようになることで娘は安心して引っ越すことが出来た。ただし、当時、精神障害者は派遣の対象ではなく、おおむね65歳ということで派遣となる。

　糖尿病で内科にかかっている。食事制限は1,400キロカロリーであり、薬を服用していた。しかし精神科にはかかっていない。

　主任ヘルパーは介護に当たり医師に相談に行く。医師は安定しているので普通に生

活をして良いが、納得しないと話し合いに応じないこともあるので、注意するよう言われた。

2）　援助の目標

　Dの家族は関係が良いので、しっかりした長女と連絡を取りながら、生活が安定し、社会との繋がりを深めていきたいと思い、出来ることは少しずつやってもらうことにした。週3回の家事援助と2週間に1度の通院介助を援助することにした。　家事援助としては、買い物、炊事、洗濯、掃除、代行業務等を行う。Dは神経質というより強迫観念が強い。

　訪問すると、飛んできて、ミューズ石鹸で手を洗うよう求めた。

　まず、掃除をして欲しいと言う。戸を開けると飛んできて、「網戸にしてあるか」と何度も聞く。買い物から帰ると飛んできて、新聞の上に買い物を置いてから、手洗いをミューズ石鹸で行い、それから冷蔵庫にしまうよう要求した。「手を洗ったか」と何度も聞く。「はい、洗いました」と答えたが、又、「洗いましたか」と聞く。洗ったことを伝えると「ミューズで洗ったか」と聞く。

　パン6枚切り2枚とトマト半分とレタス、きゅうりとハムエッグの朝食、鍋焼きうどんは毎昼食用に買う。夕食はかぼちゃ半分を煮る。その他すき焼きや焼き魚か煮魚など2、3日分を用意していた。自分でご飯は炊いていた。洗濯も下着は洗っていた。しきりとホームヘルパーの行動を気にしていた。初めてで慣れないので、気になったのだと思う。

　当分は毎回飛んできた。話をするうちに少しずつうち解けるようになり、自分の希望やして欲しいことをいうようになる。無理をしないでよいと伝えるとホッとしていた。

　家事援助として

　・買い物：買い物に出かける前に何を買うのか、メーカー、

数量、無い場合の対応等よく話し合っておく。気にいらないと交換の必要もあり、事前によく確認しておく。
・洗濯：洗濯物の取り込みやたたみ、片づけ等で出来ることはしてもらう。
・炊事：炊飯は自分でする。朝食や昼食は自分で用意できる。夕食はいたみやすい物から冷蔵庫の上段に置く。協力してもらいながら自立支援、社会復帰に向けての援助を行う。

　こだわりが強く、ホームヘルパーが話してもなかなか自分の考えを曲げない場合もあるが、他の人に迷惑をかけるのでなければ、おおらかな気持ちで受け止める。毎日毎日同じものを食べ、糖尿病にかかっていても高カロリーの食事をし、動けても何も出来ないからやってほしいと動かない時がある。病気の特性なので、ホームヘルパーはゆったりと受け止めるようにする。問題はいろいろ起こるが、あせらず気長に信頼関係を作る。

3）自立に向けて
　まず、娘と相談すると、出来ることはやらせて欲しいということだった。そこで、自分が出来ることはホームヘルパーは手を出さないよう気をつけることにする。
　好きなおかずはかぼちゃで、半分を2日で食べる。「少し減らしませんか」と言うと、「絶対だめ」と言うので無理強いはしないことにする。次回もほとんど同じメニューである。これが病気の何ともいたしがたいことと思い、気長に待つことにする。サラダを作ることを提案した。「ハムを買ってきて」といわれサラダを作る。それ以来ずっとサラダが続く。
　その後海苔巻きの話になり買うことにする。次からは訪問日の昼は海苔巻きで、他の日の昼ごはんは鍋焼きうどんである。同じ物が続く。病気ゆえに決めたら、それ以外は受け入れないところも多いが、何とか理解をしてもらい生活の幅を広げようと「庭に行きませんか」と勧めてみた。久しぶりの庭で、主人の好きだった花を摘んで仏壇に供えた。日をおいてまた、庭に出たがその日は落ち着かず、すぐに戻る。頭が痛いと言い庭には出なくなった。仏壇の花の水は自分で替えていた。洗濯物も自分で干し、片付ける日もあった。

4）身体介護
①清潔

　整容をしないことや入浴をしないこともある。身だしなみは他の人にも自分の気分を良くするためにも必要なことなので、話し合って清潔に保つようにした。通院の前には習慣づける必要がある。そのうち、黙っていても整容が出来るようになる。しかし、1年後整容も入浴もしなくなり、頭が臭うようになる。「かゆみが出たり不快なことは無いか」聞き、「さっぱりしましょう」と話したが、入りたい時に入ると言い、意に介さない。

②通院

　糖尿病は定期的に通院することでコントロールを図る必要がある。予約していても薬が出るまでには時間がかかることがある。利用者本人や家族と連絡を取り、状況や交通手段等についても話し合っておく。通院時に医師や看護師に生活援助を行う上での注意事項や薬について聞いておくことも大切で、本人の意思や家族の考えも配慮する必要がある。

　状態が良ければ家庭で落ち着いて生活出来るが、不安になり落ち着けない様子が見えたら、家族や医師と相談する必要がある。

　服薬がきちんとされているかどうか、確認を怠らないようにする。いつも話し合って納得してもらえるように配慮が必要である。

③問題

　炊飯をしなくなり、「ご飯を仕掛けて欲しい」と言う。「出来ることは自分でしていただけませんか。ホームヘルパーも仕事が多いので…」と言うと、「するのが面倒だから、して欲しい」と言う。その日は用意し、次回、さり気無く忘れた振りをして帰ると、帰り際に「ご飯仕掛けてくれたか」と聞く。「娘さんから炊飯はさせてくださいと電話があった」と言うと「見えないんだからして欲しい」と後に付いて回る。炊飯をすると娘が時々確認するようで余計なことをしないで欲しいと苦情が入る。

　そのうち、「仏壇の花の水を替えて欲しい」と言われ、付いて回るようになる。「神棚は高い所にあるからホームヘルパーが替えるが、仏壇の花はご主人の花なので、奥さんに替えて貰えないか」と言うと、しばらくは自分で替え

ていた。そのうち、替えて欲しいと付いて回るので、夏には花が持たないので氷を入れると長持ちするので、毎日水を替えて氷を入れてもらうということで納得してくれた。

4．精神障害者への援助（事例2）

　この事例は、糖尿病にかかっていながらアルコール依存症になり視力は明暗の判断が、かろうじて出来る程度である52歳の男性Aである。生活全般にわたり援助が必要であるが穏やかな性格であり入浴、排泄、食事は自力で行える。しかし幻覚、幻聴が続き在宅でのケアの限界まで医師や看護婦、保健婦たちと連携を取り、離婚した妻や子供たちも精神的に支えた事例である。

1）派遣までの経緯

　病院からの退院にあたり派遣申請がなされた。布団や台所用品がわずかにあるばかりで、洋服ダンス、古いテレビが1台、ホームコタツがあるだけであった。食品の保存のため相談の上、中古の冷蔵庫を購入して、在宅生活を開始する。

　K市に生まれK商業高校卒業後建設関係の会社に就職する。高校まではツッパリで遊びまわったが仕事をはじめてからは、酒が楽しみになり遊ぶのは控えるようになる。

　27歳で結婚し、まもなく男児が生まれ、平凡な生活を送る。しかし、酒が好きで、酒量が徐々に増え、とうとう糖尿病にかかる。糖尿病は顕著な症状が無いために酒量を減らすことができず、視力障害が出始める。入院中はおとなしいが、退院と共に酒量が増え、注意する妻と争いが絶えず、時には殴ることもあり、とうとう離婚した。

　わずかな蓄えも間もなく使い果たし生活保護を受給するようになる。

　その後アルコール中毒で2度の入院をしていた。

2）派遣開始

　退院時、病院のケースワーカー、看護師、ホームヘルパー、保護係の主事で今後の支援体制について話し合いがもたれた。

経済的側面は、生活保護が続行されることになり、精神面は安定しているので家事全般はホームヘルパーが支える。酒はきっぱり止めていたがタバコは1日10本くらいすっていた。食事は量が少ないので普通の食事でよいとの説明があった。2週間に1度通院をするため、タクシーで病院へ送り出しをする。病院に電話をすると病院のケースワーカーが玄関で待ち受けていて案内する。受診後、病院のケースワーカーがタクシーに乗せたらホームヘルパーに連絡があり、タクシーの合図で出迎えることになる。

ほとんど1日を布団の中で過ごしているため、天気の良いときは「庭先で日向ぼっこをしませんか」と誘うと手探りで玄関先まで出てきた。玄関先に腰を下ろし、若いころは釣り好きで、よく雑魚を釣り、いろいろの料理をした話をニコニコしながらしてくれた。魚のことは詳しく、釣り方や料理の仕方を詳しく話してくれる。忙しく仕事をするホームヘルパーに声をかけ、仕事の邪魔になるかどうかと聞かれた。仕事をしながら聞いているので、問題は無いというと「刺身はどんなに小さくても生きが良いと美味しい」とか「酒を入れて魚を炊くと味が良い」とか、楽しそうに話す。　アルコール中毒とは思えないほど穏やかな人に思えた。タバコは好きで美味しそうにすうが、身体に良くないことを伝えると笑いながら「これだけは止められない」と答えた。空き缶の中に灰皿を入れると「空き缶に少し水をいれておいて」という。目が見えないので気遣ってのことであろう。

出来るだけ布団を干し、掃除する。1時間足らずだが敷きっぱなしの布団より日に当てた方が気持ちよく思える。几帳面なところもあり、拭き掃除をしていると、「ありがとう。気持ち良くなる」喜ぶ。食欲が出て「美味しい」を連発する。ホームヘルパーも楽しい時間が過ぎた。

7か月たった頃、買い物から帰ると風呂場の外を伝いながら歩いていた。

尋ねると「今、男が中を覗いていたので追っかけて来たところだが会わなかったか」という。誰も居なかった。

幻覚を見たのであろうと思い、「いませんよ」と答えると「そう」と頷いた。

それからは、襖の真ん中が開いていて5人の東南アジア系の女性が覗いていたとか、「3人の東南アジア系の女性がこちらを見ている」「狭い廊下に4〜5

人の東南アジア系の男性が来て、夜中に騒ぐため、寝られない」等と訴えがある。視力は無いがはっきり見えるという。幻覚と幻聴が出ていた。

　食欲が無くなり、視力の無い目が落ち着きを失っていた。自分でもおかしいけれどはっきり姿が見え、声が聞こえるので、落ち着かないと訴える。

　話し合いの末、医師に連絡をいれ、ケースワーカーにも連絡をする。在宅での生活の限界であろうということで入院手続きをお願いした。

　準備をして翌朝、入院することにした。

　ごみの始末をしている時、離婚した妻が夫から連絡を受け、来てくれた。

　「すまないね」と言う言葉と共に安堵の表情が広がった。声もいくらか明るくなった。

　幻覚や幻聴は見えない目でも見えると言う辛い毎日であったろう。幻覚と幻聴が出てからは疲れていて落ち着かない様子で気の毒であった。入院1か月後くらいに見舞いに行った。顔色もよく落ち着いていたが、医師からまだまだ体調が十分でないのでしばらく入院しているほうが良いと言われた。その後、近くに行ったとき訪れてみたが、肝臓の状態が思いのほか悪化しており、退院は出来なかった。

第4章
介護福祉の介護援助技術

　第1節　食事の介護

1．食事介護の目的
　食事は、人間にとって生命・健康を維持するためにも、重要な基本的欲求の一つである。また、食べるという行為は、ただ単に食品や水分を摂取するという意味だけではなく、生活上の満足感や充実感を得ることにもつながる。
　しかし、高齢や障害により、それまでのような食事摂取が困難になる場合がある。そこで、できる限り自立した食事を摂ることができるように援助することが重要である。

2．食べるという行為
　①食欲が起こり、何を食べるか決める
　②食物を調達（買い物）し調理する
　③食事場所に行く、座るといった食事の体制をとる
　④食べ物を認知する
　⑤口の中に取り込み咀嚼し、嚥下する

3．嚥下（えんげ）とは
　口のなかにある液体や食物を、口から食道を経て胃に送りこむこと。口の中に摂取した食べ物を、口の中でかみくだいて、飲みこむことである。

4．嚥下のメカニズム
①食物の確認：食べ物を認識することで唾液が分泌される。
②咀嚼：口を閉じて、食物を歯でかみ砕きながら、唾液とまざり、食塊が形成される。
③嚥下第1相【口腔期】：舌の運動によって、食塊が咽頭へ移動する。
④嚥下第2相【咽頭期】：食塊が嚥下反射誘発部位に達すると嚥下反射が起こる。
⑤嚥下第3相【食道期】：食塊は、蠕動運動により胃へ運ばれる。

5．自力摂取が困難になる原因
　高齢や心身の障害により、摂食に障害が生じることがある。
　摂食障害とは、食事意欲、摂食動作の異常や障害である。痴呆症では、拒食・過食等がある。拒食は、食事を拒否することであり、反対に過食は食事をたくさん食べることである。また、摂食動作では、食べ物を認識すること。箸やスプーンをもち、食べ物をすくうこと。口まで運ぶこと。口に入れて咀嚼すること。嚥下すること。こうした一連の摂食動作に支障が生じることである。
　嚥下の障害としては、誤嚥がある。誤嚥とは、食べ物や水、唾液等が食道でなく誤って気道に入ってしまうことである。嚥下に関する神経系の障害や、意識状態が低下している場合等に生じやすい
　通常は、異物が気道に入った場合、むせるが、気管の感覚障害等により誤嚥となる。誤嚥の危険性には、緊急を要する窒息、誤嚥性肺炎がある。誤嚥性肺炎とは、異物が肺内にたまって感染を起こし、気管支炎や肺炎のもとになることである。

6．食事をおいしく食べる
1）空腹感
　食事の前には、「おなかがすいた」から食事が食べたいと感じることが必要である。したがって、規則正しい生活を送ることが望ましい。ベッド上過ごす時間と離床している時間を検討する。そして、体を動かしたり、趣味の時間を適

度に行うことが大切である。

2) 食事環境

在宅では、なるべく一人で食事を摂ることを避け、家族と一緒に過ごす時間になると良い。

施設では、座る席に配慮し、利用者同士の人間関係等を考慮する。

食事場所は、明るく落ち着いた雰囲気を作る。また、食事の配膳位置は、利用者の見えやすい位置にする。

3) 食事姿勢

なるべく座位姿勢が望ましいが、疾病等により難しい場合もある。その場合、ベッド上で食事を摂るときは、背もたれを調節すると良い。むせがある場合は、30度程度の挙上にするとよい。

さらに食事姿勢で注意することは、頭部を前屈させることである。前屈させることで、咽頭蓋がとじやすく、咽頭と気道に角度がついて誤嚥しにくくなる。

4) 調理の工夫

「おいしい」と感じるには、味が重要である。味とは、調理の味付けはもちろんのこと、盛りつけ、やわらかさや堅さといった食感も含まれる。また、嚥下が困難な人は、食事の形態にも工夫が必要である。

さらに食欲をそそるための工夫として、郷土料理や伝統料理を取り入れたりするなど、料理自体を工夫することも大切である。

5) 食事介助の留意点

①食事環境を整える。

②食べやすい食事姿勢をとる。

③食事前に排泄をすませる。

④食事の温度（あたたかい、冷たい）を適温にする。
⑤調理を工夫し食事の形態および内容に配慮する。
⑥疾病にともなう食事制限の有無を確認する。

7．食事介助
1) ベッド上の座位で自力摂取できる人
　①ギャッジアップを利用して上半身をなるべくあげる。このとき、ギャジアップをする前に膝の下に枕を入れておくと、臀部のズレが少ない。
　②頭部が前屈するように枕の大きさや位置を調整する。座位の安定を図る。
　③食膳を配膳するオーバーテーブルは、両肘がオーバーテーブルの上にのるぐらいの高さに調節し置く。
　④おしぼり等で手を清潔にする。
　⑤利用者の食べやすい位置にお椀やお皿を置き、配膳する。また、使用する箸やスプーン等を確認する。
　⑥献立の説明を行う。
　⑦はじめは、喉を潤すためにお茶や汁物などの水分をすすめる。
　⑧食事中は、見守りと必要に応じた言葉かけをする。
　⑨食事後は、食事摂取量を観察し、口腔内に食物が残っていないことを確認する。
　⑩食事後は、そのままの姿勢か、少しギャジアップを下ろした姿勢で30分程度、過ごしてもらう。

2) ベッド上に半仰臥位で左片麻痺のある人
　①右側臥位にする。肩から背部にかけて枕を置き、身体を戻して半仰臥位になってもらう。また、膝下にはクッションを入れる。
　②30～60度程度にギャッジアップを行い、食事姿勢を整える。
　③右に向いている顔の下にタオルを敷く。
　④おしぼり等で手を清潔にする。
　⑤食事を見える位置に置く。

第4章　介護福祉の介護援助技術　67

⑥介護者は、利用者の右斜め前に座り、献立の説明をする。
⑦介助は、右（健側）の口角から行う。
⑧はじめは、喉を潤すためにお茶や汁物などの水分をすすめ、介助をする。熱さや冷たさに注意する。
⑨食べ物の大きさ、量を適度にして、口に入れる。
⑩嚥下を観察しながら、利用者の食事ペースに合わせる。
⑪食事後は、食事摂取量を観察し、口腔内に食物が残っていないことを確認する。
⑫食事後は、そのままの姿勢か、少しギャジアップを下ろした姿勢で30分程度、過ごしてもらう。

8．福祉用具の工夫

疾患や身体の障害により、上肢の麻痺、拘縮等で自力摂取することが困難な場合でも、福祉用具を利用することにより自力摂取が可能になることがある。自力で、食事をすることは、利用者の満足感をえることにつながる。そこで、利用者の身体状態に合った用具を選択することが重要である。

変形スプーンとフォーク

福祉用具のいろいろ
麻痺のある上肢でも使用できるよう工夫してあるものには
・柄が変形したスプーン、フォーク
・にぎりやすいスプーン、フォークがある。自由に曲げられるスプーンもある。
・すくいやすい皿
・滑り止めのついた皿

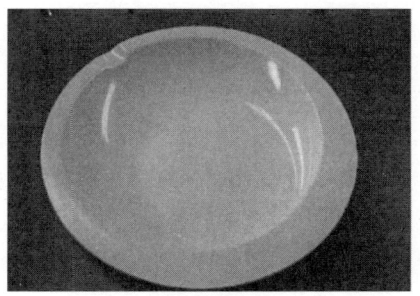

すくいやすい角のついた皿

・滑り止めマットなども合わせて使用することがある。

9．障害に応じた食事介助
1） 視覚障害の人への介助の注意点
　①必ず声をかけてから、介助を行う。
　②配膳は、毎日同じ位置にする。介護者は、自分の手を利用者の手に添えて食器の位置を確認してもらい、クロックポジションを用いて説明する。
　③魚の骨や包み紙などを除去して、食べ物の温度にも注意する。
　④食事の様子観察を行い、食べていないものがあれば、言葉掛けをする。

2） 痴呆症の人への介助の注意点
　①食事の環境（座る場所等）は、できるだけ変えないように配慮する。
　②誤嚥しそうな包み紙や、醤油の入れ物などは、あらかじめ取り除いておく。
　③利用者によっては、食事のペースが速すぎたり、食べ過ぎたりする事があるので観察が必要である。

第2節　衣類着脱の介護

1．衣類着脱の介護の目的
　衣類は、身体の清潔を保持、外界からの刺激を妨げ身体を保護、体温調節の役割がある。
　さらに、おしゃれとして自己表現にもなる。したがって、衣類は、ただ着ればよいと言うものではないのである。
　衣類の着脱介護では、利用者の好みを尊重することが大切である。
　他者との関わりや、外出したいという気持ちになる身だしなみの援助が求められる。

2．衣類を選ぶ
①利用者の好みを尊重する。
②季節に応じた衣類を選び、温度調節をする。
③素材は、吸湿性、通気性がよく、肌に刺激のない材質のもの。
④簡単に洗濯ができるものの方が好ましい。
⑤身体の状態にあわせて、着脱しやすい形やサイズのもの。
⑥身体を圧迫せず、動きやすいものにする。車いすに座っていることが多い人は、ウエストにゆとりがあるものが良い。
⑦残存機能を活用して、着脱の自立につながる工夫をする。

3．衣類の着脱介護の留意点
①介護時は、無駄な肌の露出がないようにプライバシーに配慮する。
②残存機能残存機能を生かした介助を行うために、言葉かけをわかりやすくする。
③言葉かけを工夫し、残存機能を生かした介助を行うよう努める。
④痴呆症の人は、特に言葉かけに配慮して、着替えへの理解や自立につながることが重要である。
⑤片麻痺がある場合は、健側から脱ぎ、患側から着ると良い。
⑥着替えの前には、室温を調節する。
⑦着替えの際には、皮膚の状態を観察する。
⑧臥床していることが多い人は、衣類にしわや、たるみがあると褥瘡の原因になるため注意する。

4．衣類の着脱介護の実際
1） 前開きのパジャマから前あきの衣類とズボンにベッド上で着替える（左片麻痺のある人）

介護は、できないところを介助することを基本とする。
①介護者は、利用者の右側に立つ。
②着ているパジャマの上着のボタンをはずす。

②健側（右側）のパジャマの袖を脱がせ、身体の下にいれる。
③利用者を右側臥にする。
④患側（左側）のパジャマの袖も脱がせる。
⑤上着を着せる。まず、患側（左側）の腕に上着の袖を通す。この時、利用者の手首を包むようにもって迎え袖にする。
⑥衣類を身体の下にしわをのばしながら入れる。
⑦仰臥位にもどす。身体の下から上着を引き出して、健側（右側）の腕に袖にとおす。
⑧両肩と衣類の肩の位置や、襟元を整える。
⑨ボタンをかける。
⑩パジャマのズボンを脱がせる。膝をたてて、腰をあげ、ズボンを大腿部まで脱がせる。
⑪健側（右側）のパジャマのズボンを脱がせ、次に患側（左側）のパジャマのズボンも脱がせる。
⑫新しいズボンをはかせる。患側（左側）の足にズボンをとおす。次に健側（右側）の足にズボンをとおす。
⑬大腿部までズボンをあげて膝を立てる。腰をあげてもらいズボンをはかせる。
⑭衣類のしわをとり、全体を整える。

2） かぶりパジャマからトレーナー上（かぶり）下にベッド上座位で着替える（左片麻痺のある人）

介護は、できないところを介助することを基本とする。
①ベッドの背もたれをギャジアップしてあげる。介護者は、利用者の右側に立つ。
②健側（右側）のパジャマの袖を脱がせる。
③パジャマの前身頃を胸まで、後ろ身頃を肩のあたりまで、たぐりあげる。
④頭部を前屈みにするようにして、首の部分を脱ぐ。
⑤患側（左側）のパジャマの袖を脱がせる。
⑥トレーナーの左袖部分を袖口からたぐりよせ、介護者の手を袖口から入れ

迎え袖で患側（左側）の袖をとおす。
⑦頭部を前屈みにするようにして、首の部分をかぶって着る。
⑧健側（右側）にトレーナーの袖をとおす。
⑨ベッドのギャジアップを下ろして、元に戻す。
⑩パジャマのズボンを脱がせる。膝をたてて、腰をあげて、ズボンを大腿部まで脱がせる。
⑪健側（右側）のパジャマのズボンを脱がせ、次に患側（左側）のパジャマのズボンも脱がせる。
⑫新しいズボンをはかせる。患側（左側）の足にズボンをとおす。次に健側（右側）の足にズボンをとおす。
⑬大腿部までズボンをあげて膝を立てる。腰をあげてもらいズボンをはかせる。
⑭衣類のしわをとり、全体を整える。

3）着ている浴衣式の寝間着から清潔な浴衣式の寝間着にベッド上仰臥位で着替える（全介助の人）
①着ている寝間着のひもをはずす。
②介護者に近い方の袖を脱がせる。
③脱いだ袖、寝間着を身体の下に押し込む。
④脱いだ側の袖に新しい寝間着の袖を通す。
⑤新しい寝間着も身体の下に押し込む。
⑥介護者の方に向いた側臥位にし、汚れた寝間着を脱がせ、洗濯かごに入れる。
⑦清潔な寝間着を引き出す。
⑧背中心に背縫いを合わせて仰臥位にもどす。
⑨左前、身頃が上になるように襟元がソの字になるように合わせ、足元まで整えていく。
⑩ひもを身体の下に通し、縦結びにならないように結ぶ。
⑪しわがないように寝間着全体を整える。

4） 着ている浴衣式の寝間着から清潔な浴衣式の寝間着にベッド上仰臥位で着替える（左片麻痺のある人）

　介護は、できないところを介助することを基本とする。

①介護者は、利用者の右側に立つ。

②着ている寝間着のひもをはずす。

③健側（右側）の袖を脱がせる。

④右袖と寝間着を内側に丸めて体の下に入れ込む。

⑦右側臥位にし、左袖も脱がせて、着ていた寝間着を全部脱がせる。

⑧右側臥位の上になっている患側（左側）に、清潔な寝間着の左袖を通す。

⑨清潔な寝間着の背縫いを背中の中心に合わせる。同時にひもの真ん中を背中の中心にあわせて、半分を手前に、残り半分を体の下に丸め込む。

⑩利用者を仰臥位にもどし、身体の下から清潔な寝間着を引き出す。

⑪健側（右側）に袖を通す。

⑫左前身頃が上になるように正しく合わせて、襟ぐりをととのえる。

⑬腰のひもは、縦結びにならないように結ぶ。

⑭寝間着全体のしわを伸ばす。

5） 衣類の着脱介護のポイント

①袖を脱がせる方法の例

　　袖を脱がせる場合、袖口から引っ張っても脱ぎにくい。そこで、脱ぐ袖側の襟元を少し外側にゆるみをもたせる。次に肩の部分を脱がせるとよい。

②袖を通す方法の例

　　介助者は着物の袖口から手を入れ、利用者の手関節を支えながら腕に袖を通す。（迎え袖の方法）

第4章 介護福祉の介護援助技術　73

第3節　身体保清の介護

1．入浴の介護
1） 入浴介護の目的

　入浴は、身体を清潔にする方法として、もっとも効果的である。全身の血液循環や新陳代謝を良くし、生理機能を高め、細菌感染予防にもつながる。精神的な意味では、気分の爽快感やリラックス効果をえることができる。さらに介護者にとっては、全身観察の機会にもなる。

2） 入浴の効果
　①全身の皮膚を清潔にし、皮膚の機能を正常に保つ。
　②新陳代謝を高めて血液循環を促進する。
　③褥瘡や感染症の予防
　④関節や筋肉をほぐす。
　⑤気分の爽快感やリラックス感がえられる。
　⑥疲労が回復する。

3） 入浴の留意点

　入浴には、大きな効果があると同時に危険も伴う。そこで、入浴の準備や注意事項について確認をする。
①身体状態の観察
　　体温、血圧、脈拍、呼吸、顔色、痛みや苦痛の有無等を観察する。
②室内環境
　　脱衣室や浴室は、転倒の危険となる物を置かないようにする。脱衣室の床が濡れていたり、足ふきマットがめくれていると転倒の原因になる。また普段は、杖をついて歩いている人が入浴時に杖を手放して歩行するためバランスをくずしやすくなるので注意が必要である。
③脱衣室と浴室の室温

脱衣室と浴室の室温は、一般的に約24度が適温とされている。
④お湯の温度
　　　お湯の温度は、40度程度とされているが、心疾患のある人や高血圧、動脈硬化のある人は、ぬるめのお湯（39〜40度）が望ましい。したがって、熱めのお湯（42〜43度）は適さないといえる。
⑤身体を石けんで洗う
　　　石けんを使用して洗身を行うことは皮脂を取り除き、皮膚の新陳代謝をよくする。しかし、弱アルカリ性の石けんは、老人性皮膚掻痒症の人や乾燥しやすい皮膚の人には適さない。刺激の少ない弱酸性のものを選ぶとよい。
⑥入浴後は、水分補給と休養をとる
　　　入浴時には発汗があるため、入浴後は水分を補給するようにする。同時に落ち着いて休息をとりながら、飲み物を飲むことが楽しめる環境をつくることが望ましい。
⑦その他
　　　食事時間の前後1時間はさける。
　　　入浴前に排泄を済ませておく。

4）入浴介護の実際
　片麻痺の人の場合
　①介護者は麻痺側に立つ。
　②健側を浴槽側にして、シャワーチェアー（椅子）に座らせる。
　③健側で、湯温を確認してもらう。
　④お湯を全身にかける。お湯は、足元からかけるようにする。
　⑤頭髪を洗う。シャンプーを掌で少し泡立ててから、髪全体になじませる。頭皮を指の腹でマッサージするように洗う。髪のシャンプーを洗い流す。同様にリンスをする。リンスを洗い流し、タオルで髪を拭く。
　⑥身体を洗う。身体は、先端から心臓に向かって洗う。最後に陰部を洗う。
　⑦身体の石けんを洗い流す。
　⑧浴槽に入る。浴槽に入るためには、身体の障害と浴室及び浴槽の設備から

必要な福祉用具を選択して使用すると。片麻痺がある場合、シャワーチェアー（椅子）、バスボード、手すり、滑り止めマットがあるとよい。介護者は、麻痺側に配慮し、福祉用具を利用して浴槽内に入る介助を行う。

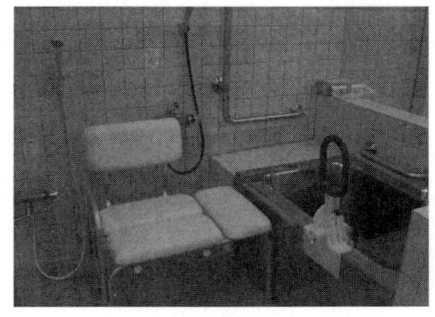

シャワーチェアーや手すり

⑨浴槽内では、ゆっくりと浸かる。

麻痺側をお湯につけて、さすったり、マッサージをすることで筋肉をほぐすことができる。

⑩浴槽から出る。介護者は麻痺側に配慮しながら福祉用具を使用する。

⑪シャワーチェアーに座らせ、身体の水気を拭き取る。

⑫介助をして、脱衣室に移動する。

5）事後の確認

①疲労感が強くないか。気分が悪くないか。

②異常に汗をかいていないか。

③水分補給は十分か。

④楽な姿勢で休息がとれているか。

2．部分浴

1）足浴の介助

ベッドで端座位になり行う方法

バケツでの足浴は、下腿までお湯に浸かるので広範囲を洗うことが出来る。

①ビニールシートまたは、ナイロン風呂敷の上にバスタオルを置く。

②バケツに40度程度のお湯を準備して、沐浴剤を入れる。

③膝の上まで、ズボンやスカートを折り曲げて濡れないようにする。

④片足をバケツの上に持ち上げ、少しお湯をかけて、湯温を確認してもらう。

片足ずつ、バケツに入れ両足を浸ける。
　⑤片足ずつ、支えて洗う。指間も丁寧に洗う。
　⑥終わったら、片足ずつ濯ぎ湯をかけて、タオルで水気を拭き取る。もう片足も同様にする。
　⑦ズボンやスカートを元に戻し、安楽な姿勢にする。

2）手浴の介助
　　ベッド上で座位になりオーバーテーブルを置いて行う方法
　①オーバーテーブルの上に、ビニールシートもしくはナイロン風呂敷を敷く。その上にバスタオルを置く。
　②肘関節の上まで袖を折り、服が濡れないようにする。
　③洗面器に40度程度のお湯を準備して、沐浴剤を入れる。
　④軽く指先で、湯温を確認してもらう。
　⑤片手ずつ洗面器に入れて、両手をつける。
　⑥片手ずつ、支えて洗う。指間も丁寧に洗う。
　⑦終わったら、片手ずつ濯ぎ湯をかけて、タオルで水気を拭き取る。もう片手も同様にする。
　⑧服の袖を元に戻し、安楽な姿勢にする。

3．全身清拭の介護
1）全身清拭の目的
　　入浴が出来ない場合に清潔を保つ方法として、全身清拭がある。足浴や手浴などの部分浴と組み合わせることで、一層の清潔と爽快感を得ることができる。

2）全身清拭の注意事項
　　入浴が出来ない場合とは、体調がよくないことが多いため、事前の健康状態の観察が大切である。また主治医や看護師と相談し、健康状態や注意事項を確認する。さらに居室の室温は、24±2℃に調節したり、保温のためのタオルケット等を準備する。

清拭は、50〜55℃のお湯で行うが、清拭の間に湯温が下がるため、少し高めのお湯を準備しておき、別の入れ物に水も準備する。また、途中で湯を取り替えながら行うため、湯量は十分必要である。取り替えたお湯を捨てるバケツも準備する。

身体を拭く場合、利用者の身体状態に合わせた洗浄剤（石けん、沐浴剤、清拭剤）を使用する。ここでは、石けんを使用する。石けんは、刺激の少ない弱酸性の物を選び、石けんのつけすぎや拭き残しをないようにする。

3) 全身清拭の介護の実際

洗面器にお湯を入れ、顔、上肢、胸部、腹部、背中（臀部）、下肢、陰部と拭いていく。この間、次の手順を繰り返す。

① 拭く部位の衣類を脱がせ、バスタオルで保温し、その他の部位はタオルケットや毛布で保温する。
② ハンドタオル（少し小さめのタオル）に石鹸を適量つける。
③ 拭く部位のバスタオルをひろげて拭く。
④ タオル（浴用タオル）で、面を替えながら石けん分を取り除く。これを2、3回繰り返して、石けんが残らないようにする。
⑤ もう一枚別のタオルで皮膚の水気を取り除く。

・顔は、石けんを使用しないで行う。片目を目頭から目尻に向けて拭き、もう一方も同様に拭く。次に額、頬、顎と数字の3を描くよう拭いていく。鼻の周り、口の周りも拭く。耳の周り、顎、頸の順序で拭く。
・上肢は、手首から肘へ、肘から上腕に向けて拭く。
・胸部は、乳房の周りは、円を描くように丁寧に拭く。
・腹部は、腸の走行に沿って、「の」の字を描くように拭く。
・背部及び臀部は、側臥位にして拭く。上下式のパジャマを着ていた場合は、ここまで拭くと上着が脱げていることになるため、清潔なパジャマの上着を着る介助を行う。
・下肢は、足首から膝部へ、膝部から大腿部に向けて拭く。足の甲、足底部や指間も拭く。

・陰部は、石けんを使用しないで前から後ろに一回ずつタオルの面を変えながら拭く。利用者が自分で拭くことが可能であれば、拭き方の説明をして、タオルを手渡す。

第4節　排泄の介護

1．排泄介護の目的

　排泄とは、人間が、生命を維持するために必要な栄養を摂取し体内で生産された不要な代謝産物や有害物質を、体外に排出することである。主に体外に排出される方法としては、排尿便がある。腎臓では、体内で生産された不要な代謝産物を水とともに尿として排出する。大腸は、食物残渣等を腸管の中で糞便として生成し、肛門から排出する。こうして、排出される排尿便の介護は人間の身体の仕組みを援助することである。また排泄の介護は、利用者のプライバシーや心理面に大きな影響を与えるため、無駄な露出や不用意な発言に十分注意する必要がある。

2．排尿

1）　尿の性状（正常）
　①尿量は、1日1,000ml〜1,500ml前後
　②尿の色は、淡黄色や黄褐色
　③排尿回数は、1日5〜6回

2）　排尿障害
　尿量の異常には、尿閉、乏尿、無尿がある。尿閉とは、膀胱内に尿が貯蓄されても排出できない状態である。乏尿とは、排尿回数が異常に少なく尿量が1日500ml以下のことである。無尿とは、腎臓で尿が生成されていない状態で1日100ml以下の尿量である。
　排尿回数の異常には、頻尿がある。頻尿とは1日10回以上の回数があること

で、特に夜間2〜3回排尿回数があることを夜間頻尿という。
　尿失禁には、様々な種類があり、切迫性尿失禁は、尿意を感じた瞬間に膀胱が収縮し、トイレまで我慢できないことである。反射性尿失禁とは、膀胱内に一定量の尿が貯蓄されると尿意を感じることもなく反射的に出ることである。腹圧性尿失禁とは、笑う、くしゃみなど、腹圧がかかると出ることである。その他にも機能性尿失禁等がある。

3．排便
1）便の性状（正常）
　①便量は、1日100〜200g前後
　②便の色は、黄褐色もしくは黒褐色
　③排便回数は、1日1〜2回

2）排便障害（便の異常）
　排便障害には、便秘や下痢がある。便秘とは、糞便が、大腸や直腸に通常より長く停滞し、排便が困難な状態である。一般的には、排便回数が3、4日に1回しかないものである。また少量のみしか排便できない等量の少ないものも含まれる。
　下痢とは、便の水分が増加して、泥状または水様の糞便を頻回に排泄する状態である。

4．排泄の一連の動作
　尿便をトイレで排泄することが困難になる原因には、疾患や障害がある。排泄には、排泄をするために必要とされる一連の動作があり、どこか一部でもできなければ、介助が必要になることがある。
　①尿・便意を感じる。排泄場所まで排泄を我慢する
　②トイレに行く
　③ドアの開閉
　④衣類・下着の操作

⑤座って、排泄姿勢をとる
⑥後始末をする
⑦立ち上がる
⑧衣類・下着の操作
⑨手を洗う

5．排泄の自立を助ける福祉用具
　身体状態や心理状態に応じた適切な用具を選択することは、利用者の排泄自立につながる。
　①ポータブルトイレ：トイレまで行くことができない人が室内で使用できる腰掛け式の便器である。
　②尿器と便器：布団やベッドから起きあがることが困難な人などが使用している。
　③パンツタイプのおむつ：パンツタイプのおむつは、ウエスト部分や足の付け根の部分にギャザーがあり伸び縮みする。普通のパンツのようにはくことができるので、トイレには行くことができるが間に合わない人などが利用している。

6．排泄介護の実際
1）ベッドからポータブルトイレの介助
　①排泄の有無を確認し、必要な排泄用具を選択して、準備物品を整える。
　②カーテン等を利用して、プライバシーに配慮する。
　③ポータブルトイレに移動する。自力で起きあがることが困難な場合は介助して端座位になる。利用者の状態に合わせた移動方法でポータブルトイレに移動する。
　④ポータブルトイレの前で立位をとり、ズボンや下着をおろす。
　⑤ふかく、腰をかけさせる。また、陰部と大腿部の上には、膝掛けやバスタオルでプライバシーの保護と保温をする。
　⑥排尿中、介助の必要がなければ、排泄後に呼んでほしいことを伝えて、そ

の場を離れる。
⑦排泄後は、体調や気分を聞く。その後、利用者の上半身を少し前屈みにして片手で支える。もう片方の手でチリ紙をもち、尿道から肛門へ向かって拭き、臀部も拭く。
⑧利用者の手をおしぼりで拭いたり、洗ったりして清潔を保つ。
⑨立位の介助を行い、下着やズボンをはく。
⑩ベッドに移動し安楽な姿勢にする。
⑪排泄物を観察後、後かたづけをする。

2) ベッド上での尿器の介助
①排泄の有無を確認し、必要な排泄用具を選択して、準備物品を整える。
②カーテン等を利用して、プライバシーに配慮する。
③布団から綿毛布やバスタオルに換える。
④防水シーツを臀部周囲に広く敷く。
⑤ズボンや下着等を脱がせる。
⑥ベッドの背もたれを挙上するほうが、腹圧がかかり排泄しやすい。膝を立て、上半身を挙上する。(男性の場合は、側臥位で行う場合もある)
⑦尿器をあてる。足を開き、膝は合わせる。
　男性：尿器の中に陰茎を入れる。陰茎は、直接触れるのではなく、チリ紙でもつ方が利用者に不快感を与えない。
　女性：尿器の受尿口の下側に会陰部をあてる。その後、チリ紙を2枚程度重ねて、縦におり、恥骨の上から陰部にたらす。こうすることで、尿の飛散を防ぎ、尿器に誘導できる。
⑧排尿中、介助の必要がなければ、排泄後に呼んでほしいことを伝えて、その場を離れる。
⑨排泄後は、体調や気分を聞く。その後、片手で尿器を押さえて、片手にもったチリ紙で陰部を拭く。女性の場合は、尿道から肛門部へ向かって拭く。
⑩尿器の蓋を閉め、こぼれない位置に置く。
⑪下着やズボンをつける。防水シーツを取り外す。

⑫利用者の手をおしぼりで拭いたり、洗ったりして清潔を保つ。
⑬ベッドを元に戻し、安楽な姿勢にする。
⑭排泄物を観察後、後かたづけをする。

3）ベッド上での便器の介助
①排泄の有無を確認し、必要な排泄用具を選択して、準備物品を整える。
②カーテン等を利用して、プライバシーに配慮する。
③布団から綿毛布やバスタオルに換える。
④防水シーツを臀部周囲に広く敷く。
⑤ズボンや下着等を脱がせる。
⑥便器をあてる。肛門部が便器の中央になるようにする。
⑦排泄姿勢を整える。ベッドの背もたれを挙上するほうが、腹圧がかかり排泄しやすい。膝を立て、上半身を挙上する。男性の場合は、便器と尿器と併用する。女性の場合は、尿器の時と同様にチリ紙を2枚程度重ねて、縦におり、恥骨の上から陰部にたらす。両膝を合わせる。
⑧排尿中、介助の必要がなければ、排泄後に呼んでほしいことを伝えて、その場を離れる。
⑨排泄後は、体調や気分を聞く。その後、ベッドを元に戻す。片手で利用者の臀部を支え、もう片方の手で便器を取り除く。尿器を押さえて、片手にもったチリ紙で陰部を拭く。女性の場合は、尿道から肛門部へ向かって拭き、臀部も拭く。臀部が拭きにくい時は、側臥位にして拭くとよい
⑩下着やズボンをつける。防水シーツを取り外す。
⑪利用者の手をおしぼりで拭いたり、洗ったりして清潔を保つ。
⑫安楽な姿勢にする。
⑬排泄物を観察後、後かたづけをする。
⑭体調の確認をして、利用者の手を拭く。

4）おむつ交換の介助
①必要なおむつや清拭など準備物品を整える。

②カーテン等を利用して、プライバシーに配慮する。
③衣類を脱がせおむつカバーとおむつを開く。
④排泄物を観察する。
⑤陰部清拭や洗浄を行い清潔にする。利用者に不快感がないかを聞く。
⑥手前から汚れたおむつを三角に折って身体の下に巻き込む。
⑦側臥位にして、汚れたおむつを取りはずし、清潔なおむつをおく。この時、おむつが臀部の中央になるようにする。
⑧利用者を仰臥位に戻して手前側の新しいおむつを整える。おむつとおむつカバーをつける。おむつは、おむつカバーから出ないようにする。また、腹部が圧迫されないようにする。
⑨衣類を整える。
⑩利用者の手をおしぼりで拭いたり、洗ったりして清潔を保つ。
⑪安楽な姿勢にする。
⑫後かたづけをする。換気が必要な場合は、身体に直接、風があたらないように注意して行う。

第5章
海外から日本の介護福祉を考える

第1節　北欧の最近の老人福祉の現状

　何時の頃か、北欧に関心を寄せていた。教会と城を取り囲む森と海、広々とした畑や牧場に、のどかに牛が放たれているのが北欧のイメージであった。ところが13年前の新聞に、スウェーデンの社民党政権が経済の行き詰まりで倒れた。世界最高の福祉を誇る国も、経済の建て直しと福祉の見直しをせざるを得なくなったとの報道を見て、北欧に行きたいものと強く思った。
　幸いにも長寿社会開発センターの研修に参加する事が出来た。高福祉、高負担、労働意欲の減退、失業、怠業等、良い面悪い面を併せ持っていたが、少なくとも老人、身体障害者、未婚の母等弱い人には優しい社会のようであった。
　スウェーデンのストックホルムで最初に訪れたのは、ウエステンマルムとい

アパートを改造して施設を造っている

第5章　海外から日本の介護福祉を考える　85

施設の下に造られたレストラン

うサービスハウスであった。150名収容で、建築会社がアパートとして貸してあった物にサービスをジョイントしていた。一般のアパートと何ら変わらぬ建物だが、小さな表札が掛かっていて、施設であることが分かる。1階には生活に必要な、ちょっとした店がある。他にも食堂があり、カウンターの上に沢山のグラスが吊るしてあった。不思議に思い「なぜグラスが沢山あるのか」と尋ねると、「食事の時ワイン、ジュース、牛乳等飲みながら食事を頂く。多くは出さないが少量のワインは身体によい。食事は楽しむもの」と笑いながら答えてくれた。メニューも7種類あり、肉料理、魚料理がある。10：00～15：00迄営業しており、1日100～150名利用していた。サービスハウスの人も歩ける人は食堂に来て食べるが、歩けない人にはホームヘルパーが運ぶ。料金は入居者38Kr（540円位）外部よりの客45Kr（630円位）である。居室は2～4階の間にある。痴呆棟もあり、重度の人は別の離れた部屋に居た。

　高齢者の居室を見せて貰った。トイレ・バス付きで、バスタブは無い。シャワーのみである。寒い国なので風呂で温まらないのか不思議な気がした。セントラルヒーティングで家中暖かくしてあり、シャワーでも大丈夫だそうである。北海道よりはるか北に位置し、非常に寒いので断熱がしっかりしてあり、窓は3重構造で機密性が高く、防音、暖房効果は日本の数倍優れていた。

　トイレとシャワーが狭い所にくっついてあり、足の弱った人の所には手すりが

必ず付いていて、狭いのでヘルパーの介護時には手すりを上に挙げる事が出来る。
　車椅子の人は自動開閉になっており、下のボックスに触れば自動で戸が開く。自立して生活をするための工夫がなされていた。
　リフターも必要な家には備えてあり、腰を痛めない為、多少手間が掛かっても使用するようになっている。1人部屋は6帖位でミニキッチン・トイレ・シャワー付きの個室で1,900Kr（2.7万円位）夫婦部屋は1.5倍位の広さで2,400Kr（3.3万円位）かかる。
　エレベーターも設置されていた。以前は若い人が居たときはエレベーターが無い建物も、改装時に新たに設置し、高齢者向け施設にする。前が開いて乗っても後のドアが開くエレベーターがあり、車椅子で乗っても上階に着くと、向きを変えずにそのまま降りることが出来る。日本では車椅子が2、3台乗った時は方向転換が大変であるが、そのまま前から出られる。今では日本にもあることはあるが、ほとんどのエレベーターは後ろ向きで降りるものである。
　5階に高齢者の居間があり、食事も出来る。ここで皆が集まり、くつろいでいた。
　スタッフも多いので介護がゆっくり行われるのかもしれない。しかし、高齢者の顔が穏やかで普通の顔をしている。日本の高齢者は今までの生活とは違う別の空間に入れられている。だから最初は抵抗し暴れ、帰ると言うのだが、そ

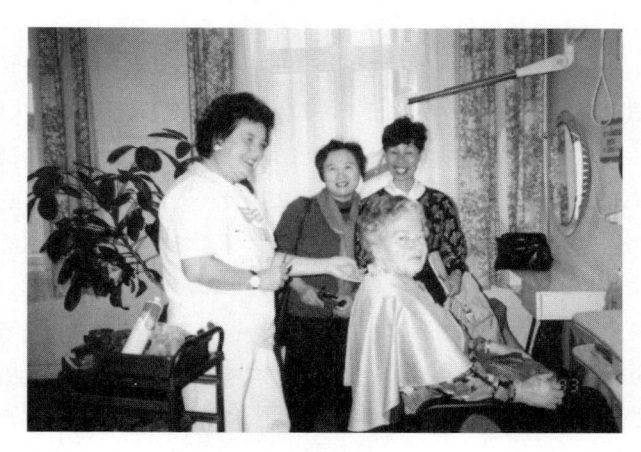

美容室

のうちに諦めて自分を抑えて生活をするのである。自分らしさが無くなり皆同じような顔つきになる。北欧のような自然な振る舞いこそ高齢者を落ち着かせるものだと思った。

　福祉機器も充実しており、歩行器もブレーキが付いており種類も豊富であった。前に握り棒が付いており、其処を持ってもよい。

　プラスチック製の洗髪機があり、手軽に洗髪が出来る。ちょっとしたシャワーも出来るようになっていた。

　高齢者がとてもおしゃれで、施設にある美容院で月に1度の割合でパーマをかけることが出来る。毎週火曜日が休みであるが、丁度パーマをしてもらっているところに行き合わせた。写真を取らせてもらったがイヤリングをして指輪もつけていた。明るい洋服が似合う。美容院は見せて貰った施設にはどこにもあった。日本の施設は皆、散切り頭でパジャマのまま日中も生活しているが、北欧ではきちんと着替え、おしゃれをして自由に振る舞っている。ただ羨ましくて日本の高齢者も自分らしく自然に振る舞えることを切に望んだ。

　足の手入れの道具がどこの施設にもあり、足のマッサージが行われている。足浴とマッサージ、甘皮取り、ペデキュアまでして貰える。とても気持ちが良いそうで、血液の循環を良くすることが寝たきりを防ぐ近道ということで、定着していた。

　外に出た所に自転車の補助具があった。足が入らぬ様に工夫してあり、生活のいろいろな所に使い易さ、生活を楽しむ思想が現れていた。

　ノルウェーのホーム・ケアウェル、フェアを訪問した。経営しているのは日本の連合老人クラブに近いボランティアグループである。国内多数の組織であり連帯している。

　1952年牛乳屋さんが閉鎖した時、跡地を使って老人の集会所を造った。ボランティアが美味しく栄養ある物を配食し始めた。自治体が車を提供し、資金援助した。たちまち評判になり多くの高齢者が利用した。

　手狭になったので消防署の跡地と警察署の跡地を借りた。そこでデイサービスを行っている。建物をそのまま利用しており、昔の酔っぱらい、軽犯罪者の留置された跡地を使っているので窓に格子が入っている。日本では考えられな

い光景だった。
　食堂で、牛乳、ジュース、サンドウイッチも魚用、肉用、チーズ、ヨーグルト、ジャガイモ等出ていた。デイナーも配達する。1日15人〜40人が来て食事をする。1食18〜22Kr（300円位）であった。ノルウェーではアルミの容器なので、レンジは使えない。スウェーデンではレンジで温めるようになっていて、若い人にはレンジが普及しているが老人にはまだ十分普及していなかった。近いうちに普及させたいと言うことだった。この団体は自由な団体なので、出来るだけ自由なサービスを行っている。バスツアーやパーティも割安で行う。老人の相談も行い採算より楽しむ場所となっている。
　消防署跡には作業所があり、織機で伝統の織物を作る。
　老人やボランティアの作品を販売していた。これらを売って運営資金に当てている。
　このサービスセンターの予算は260万Kr（3,900万円）で自治体が180万Kr（2,700万円）援助してくれている。残り80万Krは自分達で寄付、バザー、ノミの市、作品販売で賄う。昨年はフランスに旅行に行ったそうである。国の補助金も大切だが宗教上の思想からボランティアをすることやお互いが協力し合う

特養の老人の部屋（デンマーク）
左の古く大きいストーブ、中央の鏡、右の絵、今まで使っていた応接セットがそっくり運ばれていた。

ことが、自然に行われていた。
　日本でも、かってはそうであったが、高度成長期頃から人間関係が希薄になったような気がする。取り戻さなければならないものがあるように感じた。

１）デンマークの福祉について
　ホンショム市のコレクティブハウスは共同生活型の集合住宅である。
　ナース１名にヘルパー10名でチーム編成している。２チームあった。170名定員で146部屋あり、夫婦で入っている人もある。勿論個室でプライバシーを大切にしている。個人の人格を大切にしており、許可なく写真を撮ることは固く禁じられている。北欧では一人ひとりを大切に考えていることが分かる。
　老人の寝室を見せて貰ったが、１軒60㎡の広さであった。ベランダが小さいながらも付いている。頭金23,500Kr（56,000円）掛かるがゆったりいる。お金のない人は頭金なしで入ることが出来る。
　ミニキッチンが必ず付いており、小さいカウンターがあり、２人で食事が出来るようになっている。食堂で食事が出来るが、部屋に運んで貰えるようになっていた。一斉に食べなくても一人ずつゆっくり食事が出来る。食堂やレストランで食事を取るように、顔を見て用意をしていた。
　居間には今まで使った家具がそのまま用いられていて落ち着く。
　寝室、台所、トイレの３箇所にブザーが付いている。居間には電話があり、モーニングコールをしてくれる。
　中央管理室で管理するが、基本的には本人の自己決定で生活をする。ここにコールが入り、ヘルパーも何人かがコールを受ける電話を持っていて、コールがあると直ぐ駆けつける。小さな要求にも気さくに対応するようになっている。自分で鍵をかけることも自由だが24時間水が流れないとアラームが知らせ職員が見に行く。それ以前にも気をつけるが、自分のことは自分で責任を取るという考えが当たり前であった。
　日本ではどうだろうか。やはり自己責任について考える必要があると思った。
　エレベーターに小さな腰掛けが付いていた。必要ならちょっと下ろし座るが、不要なら上に上げれば邪魔にならない。こうした所にも配慮がしてあった。

オムツが必要になるとオムツの様な不織布に防水がしてあるシーツをベッドの上に敷く。その上にもう1枚バスタオル大の80×60cmの同じ様なシーツを載せオムツをする。

　北欧では、白い洗濯物（シーツ、バスタオル、タオル、マクラカバー）の1セットは28Krで借りる。白物洗濯物は中央洗濯場で大掛かりに行うため施設では洗わない。そのため防水シーツを使用する。どうしても足りない人はもう1セット28krで借りることが出来る。オムツはメーカーとユーザーが話し合い漏れないように400ccに耐えるもの、600ccに耐えるもの、1,000ccに耐えるものなどを作って使用しているということだった。当時の日本は布オムツが主流で1日5回あるいは7回替えている状態だった。夜も2回は交換に行く。ところが北欧では夜9時から11時くらいまでにオムツの交換をしたら朝7時頃まで起こさないと言う。筆者は朝までオムツがもつはずがないと思った。尋ねると「紙オムツで尿量により使い分ける。寝ている人を起こしてまで替える必要は無い」ということだった。カルチャーショックを受けた。テーナーのオムツだった。今では日本の物も良くなってきたが当時は驚きだった。

　コレクティブを作った当時は比較的介護度が軽く良かったが、今では特養に入るべき人が40人いるが、特養が足りないのでコレクティブにいる。日本の養護老人ホームや軽費老人ホームもだんだん重度化してきている。社会的入院や長期の入院を減らせる方向にあるが、施設の絶対数がまだ足りないと思った。

2）北欧の福祉と税金について

　　スウェーデンの税金は30～50％消費税21％

　　ノルウェー40％＋消費税20％

　　デンマーク50％＋消費税25％

（租税といって、収入に対し平等に税金を掛ける。）

　病院は県の所属で、内科、外科、産婦人科、検査科、特殊治療をしている。ホームドクターは市町村の所属である。一般的には地域のホームドクターに診てもらう。勝手に病院に行かないのが普通である。勝手に行くと実費で払うことになる。

　年金は、スウェーデン65歳より開始、ノルウェー、デンマークは67歳より開始。

福祉は充実しているが、税金の高さは驚くほどであった。どこまで認めるか。これからの老人増にどのように対処するか、皆で考えなければいけない時期にきていると思った。

第2節　デンマーク・ホンショルム市・バリアスセンター

はじめに
　デンマーク・ホンショルム市郊外の、広々とした田園の中にあるバリウスセンターに訪問し、特にコレクティブハウス（保護されたアパート）における、高齢者の自立を支えるケアの実践を中心に説明を受けた。
　以下、その説明内容に沿って概略を述べる。

1．バリアスセンター内の設置施設の概要
　・特別養護老人ホーム　（50名）
　・デイケアセンター　　（21名）
　・コレクティブハウス〈保護されたアパート〉（170名）
　・その他

2．コレクティブハウスについて
1）コレクティブハウスの概要
　コレクテイブハウスとは、コレクティブ（自立した少人数の高齢者グループ）が入居しているアパートで、バリアスセンター内に設置されている。
　現在の入居数は170名（125世帯）で、その内116名は市の評価会（判定委員会）を経て入所してくるが、残り54名はA・P・ブーラ㈱が入居決定の権利を持ち、自社出身の職員を入居させている。これは、1975年に当該施設を建設する際に、A・P・ブーラ㈱が建設資金の一部を出資したことによる。
　コレクティブハウスの設備については、次の通りである。

コレクティブハウス

- 部屋数　　　　　　　146部屋
- 1部屋あたりの広さ　60㎡
- 部屋内の設備　　　　寝室、台所、トイレ、バス
　　　　　　　　　　　各部屋には緊急通報システムによるアラームを設置
- その他の設備　　　　食堂、リハビリテーション室、プール等

2）コレクティブハウスの自己負担

　コレクティブハウス自体の財源は市の補助金によって運営されており、ホームヘルパーの賃金についても同様である。

　コレクティブハウスに入所するためには、入所時に頭金として、23,500DKrを支払うとともに、月々3,500DKrの家賃が必要であるが、頭金については国の住宅補助の対象となる。なお、A・P・ブーラ㈱から入居者の頭金については、同社が負担している。

3）コレクティブハウスのサービス内容

コレクティブハウスには20名のホームヘルパーと2名のホームナースが常勤しており、入浴・清掃・食出・買い物などのサービスやサービスの決定会議などを行っている。

ホームヘルパーは2つのグループに分かれ125世帯を担当しており、ホームヘルパー20名ではいかにも不足がちと思えるが、自立している人が対象であり、サービスの内容が単純なため、20名でも十分サービスが実施できるとのことである。

具体的にいえば、自立した高齢者が入居しているため、基本的に掃除・洗濯などは入居者本人が行い、ホームヘルパーの掃除は週1回、洗濯は30分以内に専門の人が洗濯場で行い、買い物については注文があった時のみ対応、食事についても基本的に入居者が行うか、あるいは注文をしておいて食堂で食べるのである。

ただ、入居者が病気にかかった場合などは、どうしても掃除などに手が回らなくなることがあるという。また、入居者の中には特養に入ったほうが良いような状態の人もおり、そういった人の所は、当然サービスの実施回数が増すこととなる。日本の養護老人ホームが特養化してきたのと同じ現象である。特養を作る予定は無く、かなり介護の必要な人も在宅で対応していた。今の日本は北欧型のサービスを取り入れているといえよう。最近在宅の考え方も、こうして移り住んで集中的に介護が出来るようにすれば効率的であり、また個室であれば落ち着いて生活出来、プライバシーも保たれる。

次に「緊急通報システム」についてだが、これは各部屋の中に3か所（寝室、台所、トイレ）にアラームを設置し、毎朝ホームヘルパーがモーニングコールをかけ、身体の状況等確認をするものである。

留守にする場合、長期旅行の場合などはあらかじめホームヘルパーに届け出ることとなっており、それ以外の場合は必ず連絡を入れ、コールをしても返答の無い場合はホームヘルパー2人で見に行くのである。

3．コレクティブハウスのホームヘルパーの勤務形態

コレクティブハウスに勤務するホームヘルパーは20名で、年齢は20代〜50代

までと幅広く、そのうちリーダーを1名決めて、いくつかのグループに分かれて勤務する。リーダーは2か月毎に交替するが、ホームヘルパーの扱うケースはなるべく変更せず、1人の対象者に対しては、なるべく決まったホームヘルパーに担当させる方針のようである。つまり担当制であった。

業務内容については、ホームヘルパーが色分けしたカードを作成し、それぞれの対象者毎のサービス内容と実施内容を記入し保管している。万が一担当が休んだ場合は、そのカードを見て別の者がサービスを行う仕組みになっているのである。日本のサービス計画書（手順書）に相当する。

なお、土曜日と日曜日は、ローテーションにより6名のホームヘルパーが勤務することとなり、その中にはアシスタント（実習生）も含まれる。

勤務形態の特徴としては、なるべく対象者を変えないことから、サービスを受ける入居者に安心感を与えること、ホームヘルパー同志が話しあってローテーションを組むことにより、仕事の共有・休日のフォローなどが円滑に行えることなどがあげられる。

4．その他の施設について
1）特別養護老人ホーム

特養の入所措置については、市の評価会（判定委員会）で決定された者が入所し、こうしたプライエムは、ホンショルム市内に合計15か所ある。

処遇内容はデンマークの他のホームとほぼ同様であるが、コレクティブハウスと同様、緊急通報システム（アラーム）が設置されており、24時間体制で入所者の状況管理を実施している他、アクティビティと呼ばれる手芸・読書等の余暇活動を実施している。

特養に従事するスタッフについては、ホームヘルパーを含めほぼ入所者に1対1で対応できる人数で、ホームヘルパーの勤務形態については、日勤・半夜勤・夜勤の三交替制をとっており、日勤については、12名のアシスタント（実習生）がホームヘルパーと一緒に勤務している。

2）デイケアセンター

デイケアセンターの利用者は現在21名で、食事（弁当）サービス、足（爪）

のケア、美容サービス、リハビリ等のサービスを利川している。

　これらのサービスについては、プライエムのスタッフ及びデイケアセンターのスタッフが共働して実施している。

　また、デイケアセンターに月1回銀行員が訪問し、利用者の預貯金等の手続きを取ってくれるサービスもあり、利用者の便宜を図っている。

5．北欧見て歩き

　憧れの北欧3国についに行くことが出来た。スカンジナビア航空で飛ぶこと13時間。西に行くので昼間を追っかけている感じがした。成田空港から新潟あたりを高度1万mくらいで飛行する。大きい船も豆粒みたいで白い波を立てて進んでいた。

　ロシア領内の海岸線が白い波で縁取られたみたいで果てしなく続く。

　国境は無いように思えた。昨日始めて会った仲間や今日初対面の仲間もいる。お互いに数時間前に顔合わせしたばかりだが、目的は一つ。お互いが自分の持ってきたお菓子やガムを交換したり座席を移り、外の景色を堪能していた。私は氏部さんと一緒になった。年齢は1つ違いであった。神戸市の人でとてもしっかりしていた。

　厚生省から一人参加していた。川口のオートレース関係の人も参加していたがとても熱心に研修していた。団長は刈安さんで厚生省のOBの人で、とても愉快なリーダーであった。日立市の関根さん、いわき市の馬目さん、入間市の安間さん、京田辺市の林さん、小田原の宮寺さん、三重の上山さん、北九州の久富さん、福岡の古賀さん、日向の松木さん、菰野町の谷さん、山口の河林さんとはその後も何かとお付き合いがある。

　コペンハーゲンに着くまで3回食事が出た。コペンハーゲンから乗り換えでストックホルムに飛んだ。小型のものであったが1時間ほどで空港に着いた。荷物を受け取りバスで移動した。ホテルに着くと荷物を置いてから食事に行った。朝から5回の食事をしていた。

　食事がゆっくりしていて1時間はかかる。日本では20分もあれば済んでしまいそうなのに、ゆっくり話しながら食べる。前菜の後メインデッシュがなかな

か来ない。パンも日本のようなふかふかパンではなく、ライ麦パンや歯ごたえのあるパンが多い。デザートが日本に比べ甘くトッピングがしてあり、量が多い。残しては失礼と思い全部食べたが少し多い気がした。

　翌日ストックホルムの街を散策してみた。街の造りが色といい窓の高さといい整っていてバランスが良い。とてもおしゃれで落ち着いた雰囲気である。

　本屋に入り子供向けの本を3冊買った。

　施設の研修ではどこでもお茶や手作りケーキが出された。日本人の見学者が多く、日本語のパンフレットが備えてあるところもあった。全部個室であるということが当たり前で、くつろぐことが出来る。ベッドや椅子があり、普通の家であった。ただ、痴呆の重い人は隔離されている感じの施設はあったが、出来るだけ自然に生活できるようにしてあった。

　個人の生活を大切にしている事がよく分かったが、日本人のようにあくせく働かない。研修が4時前に終わったため近くの店に買物に行った。入ったとたんに店員がカーテンを閉め始めた。4時半に閉店と聞いていたので「待って欲しい」と言うと「帰る準備をしているのだからだめだ」と言われた。日本では考えられないことだった。北欧ではサービス残業などありえない。家庭を大切にし男女共同で家事をするのも良いが、経済状態がこのままで維持できるのか気になった。北欧では税金が高いので所得の多い人は近くのヨーロッパの国に移り住む人もいると聞いた。

　ノルウェーにはとても高い山があり万年雪があった。休日にフィヨルドを見学に行った。電車で内陸部に移動する。数時間かけて奥のほうまで行った。海と繋がっているはずなので指をつけて、舐めてみた。ほんの少し塩味がした。作曲家グリーグのうちがあり小さな展示場もある。屋根には暑さ寒さを防ぐために草が植えてあった。どのくらいの寒さになるのか想像できないが、家の中はセントラルヒーティングで暖かいという。その近くで遊覧船に乗りフィヨルドを下った。小さな村があり赤い屋根のおもちゃ箱のような所であったが生活は厳しいのではないかと思った。しかし急病に対してはヘリコプターが飛んで対応するとのことに驚いた。

　ノルウェーで施設に訪問する前にレストランで食事をすることになった。予約

はしてあったが、料理がなかなか出てこない。尋ねると肉が上手く焼けないとかで、やり直しているという。ずいぶん待ったが美味しい料理であった。日本人としては時間を気にしながらの忙しい食事であった。これも文化の違いであろう。

6．おわりに

　以上が、コレクティブハウスを中心とした、バリアスセンターの視察内容についてであるが、デンマーク全体の方針としてのプライエム（施設）処遇から在宅ケアへの移行が、バリアスセンターにおいても実施されており、コレクティブハウスのような形態は、高齢者の自立への支援という観点から、今後も力を入れていくのであろうと思う。
　しかしながら、コレクティブハウスの中にも、約40名プライエムへの入所措置を採った方が良い者もおり、プライエムの空き状況の関係で入所できずにいるという問題点もある。そういった人達の中には、コレクティブハウスに居住したまま介護を受けたいと希望する者もおり、今後、コレクティブハウスにおいても、介護型サービス実施の検討が求められてくるのではないかと感じた。最近日本でもケアハウスや有料老人ホームにもホームヘルパーが派遣できるようになっている。在宅と若干料金が違うが介護保険の対象であり、1割負担である。こうして少しずつ北欧型介護が取り入れられてきている。
　・自分で出来ることは自分でする（自立支援）。
　・自分の生活は自分で決める（自己決定）。
　・自分の今までの生活を維持する（生活の継続性）。
　このような高齢者介護の3原則により生活の継続が安定した気持ちにさせ、自分らしく生活できるのであろう。日本においても最近特に言われることであるが、自己責任についても啓蒙する必要がある。

第3節　より良い介護を求めて―北欧の介護に近づける為に―

　2000年4月より介護保険が始まった頃発表した原稿である。その時の資料と

して掲載しておく。また今までホームヘルパーの制度を良くしたいという思いで、仲間たちと共に制度の改革や使い易いサービスにする努力をしてきた。時間を要する、地味な努力が求められていたが確実に良くなって来ている。時には後ずさりしたと思えるものもあるが、1歩1歩進んで行きたいと思っている。そうしたものを集めてみた。

1．はじめに

　介護保険が始まって1か月になる。2000年5月2日の山陽新聞によると、岡山県での訪問介護（ホームヘルプサービス）は36市町村（46.2％）で増加している。いくつかの市町村では4～5割も増えている。通所介護（デイサービス）は33市町村（42.3％）で増加している。通所所リハビリ（デイケア）や訪問看護等の医療関係はあまり変化が無いとの結果が出たとある。
　まだまだ申請は終わっていないものと思われるが、かなりの高齢者が申請を終えている。訪問調査もケアプランの作成も間に合わないままの見切り発車の状態だ。夜中までプランの作成に追われているマネージャーの悲鳴に近い声を多く聞いた。
　しかし、何はともあれ、介護保険はスタートしたのである。賛否両論あって良いと思っている。
　かつて、ホームヘルパーは生活保護世帯と非課税世帯にのみの派遣であった。介護は家族がするものとの認識であり、同居家族の事情や状況は、あまり考慮されなかった。
　ホームヘルプの仕事をとうして、介護者の苦しみや、いつ終わるとも知れない介護の不安が聞かれた。
　また、主人と老母の介護に疲れ果てて、子供を残して自らの命を絶った主婦に救いの手を差し伸べることが出来なかった自分の無力さが悲しかった。
　福祉って誰の為のものなのか、誰にも福祉の恩恵を受ける権利が有るはずではないかと思い悩んだ日もあった。
　東京研修終了後、仲間のヘルパー達や厚生省の専門官の人と、ヘルパー制度や研修のあり方や、今後の動向について、夜中まで語り合ったものである。そ

して昭和57年にヘルパーの有料制度が全国で取り入れられた。一般の人に福祉の門戸が開かれたのである。

質のよい介護の供給が求められるようになり、カリキュラムを組んで研修を受けることが当たり前になり、一定の質の向上は保たれるようになった。

2．介護の社会化

まだまだ他人の世話になりたくないと考える高齢者は多い。先日も友人より電話があり、父親が脳梗塞で倒れ、入院したので、母親と交代で看病をしているが退院が近づき、どうするかと話し合っていた。

嫁は、退院すると介護認定を受け、介護保険でヘルパーの派遣や通所リハビリを受けるものと考えていた。ところが、父親は、「嫁がいるのにヘルパーの依頼をするまでもない。経済的に困るわけでもないのに、人さまに世話になるより、家内と嫁で面倒見て欲しい」と頑固に言い張っている。嫁としては自分の将来の生活や、母の介護負担の軽減をはかるため、介護保険を利用したいと考えているという。しかし父はサービスを利用したくないという。

これは、ほんの一例にすぎない。

別の人からも相談を受けた。「介護を始めて2年半余りが過ぎ、体調が崩れてきたので短期入所を使いたい。1週間か10日でいいから骨休めをしたいと母に相談したら、隣町に住む姉から、『財産を貰うのに面倒を見て当たり前でしょう。私も跡取りと結婚しているので母の面倒は見られないが、こちらの親は自分が最後まで面倒みる。短期入所なんてとんでもない』と言われ、短期入所は使おうにも使えない」という。

もちろん家族の介護力や精神的なつながりは、とても大切で、なにものにも代え難いものであるが、家族の精神的、肉体的な負担を少しでも軽くするのが介護保険なのである。

田舎の人は遠慮深く、介護が負担であるとは口に出しにくい状況にある。周囲の目や思惑を気にして、生活をしている人が多いためであろう。こうした考えから少しでも家族を解放するために介護の社会化が必要なのである。

3．在宅か施設か

　ホームヘルパーをしていた時、足腰が弱りトイレに行けなくなると独り暮らしは限界と考えられた。そのような時は、入院をして、特別養護老人ホーム（介護老人福祉施設）の入所待ちとなる。Mさんは入院中に状態が悪化して食事が摂れなくなり、特別養護老人ホームに送られたが、とても細やかな介護をしていただき、数ヵ月後には自力で食事ができるまでになる。1年たたないうちに、散歩や花の世話ができるようになりバス旅行まで出来るようになった。

　その頃のヘルパー派遣は週に2回2時間が普通であり、古く寒い家は屋外にトイレがあり、水道も無いため銭湯に行っていたが、何かと不安で自宅では暮らせないと言われた。毎日訪問とかデイサービス（通所介護）を利用出来たら、対応出来たかも知れない。しかし、その時期では訪問回数も少なく、施設の居心地が良く、ずっと入所して暮らした。6年後施設で亡くなった。

　現在でも妻や嫁や娘が世話をしてくれるものと考えている人は意外と多い。今まで自分の価値観や生活習慣で生きてきた高齢者が、他人の世話を受けるのは気兼ねがあり、他人の価値観や、施設の流れに従って生活をしていくには余りにもギャップがあり、なじめない人も多い。

　では在宅での生活を支えるためには、どのようにすれば良いのであろうか。在宅もその人が自分で選んで生活できるよう組み立てていかなければならない。事例から考えてみよう。

　S子、70歳、女性はとても美食家であった。宵越しの金は持たない主義で、小柄な美人であった。お洒落には気を使い、帽子を小粋に被り、指輪やネックレスをいつも身に付けていた。昔は律儀に生活していたが、子供に恵まれず、父親が亡くなった兄弟の子供2人を養子にした。中学生の息子と小学生の娘である。甘やかしたため我儘になったという。成人した息子は勤めをやめて、事業を起こした。間もなく資金繰りに困りお金を無心するようになる。まもなく会社は借金で倒産したが、親の所にも取り立てに来るようになり、家を手放し逃げるようにK市に来た。自分も少しは働いたがいつも美味しい物を食べ綺麗な物を着て暮らした。息子も後を追うように来たが、今はサラリーマンとして生活していた。結婚し、孫も出来、幸せそうであるが嫁が来るだけで、息子はほ

とんど寄りつかない。娘はT市に住んでいて、遠方のため年に1回は帰るが介護力としてはあてにならない。

　足が弱り、タクシーで病院に行くようになり、ヘルパーが訪問するようになる。買い物、炊事、洗濯、代行業務、相談助言を行っていた。間もなく日常生活動作（ADL）が落ち、入浴が出来にくくなる。家事援助だけで2時間以上かかってしまう。丁度週2回訪問を3回にし始めた頃で、3回訪問にしたが入浴の時間が取れない。訪問看護の看護師が清拭をしてくれることになる。ヘルパーが風呂で少し熱めの湯を沸かし、用意しておくことで清拭の準備が素早くできるように心がけた。洗濯物をご近所にお願いして取り込んで貰うことにする。

　そのうちにトイレに行けなくなり、おむつを使用するようになる。義理の娘や息子に相談するが、本人は絶対に施設には行かないと言い切った。週3回訪問していたがおむつ交換したものをベッドの横にゴミ袋に入れて置いてある。食事はベッド横の机まで這って行き、食べるのが精一杯で、下膳も出来ない。その後、薬の管理が出来なくなり、訪問看護師、医師と話し合う。

　本人は刺し身や鰻、エビの天ぷら、寿司等の食べられる自宅介護を希望する。週に3回のヘルパー派遣と週2回の訪問看護、2週に1回の往診で対応することになる。

　近所に住む友人に毎日電話して、買い物や洗濯物の取り込みを依頼するため友人からヘルパーに電話があり、回数を増やして欲しいと言われた。ごみだしは早朝のためヘルパーが出勤前に出しておく。帰る時には

家事全体の援助計画をたてる

洗濯物を取り込んでおく。S子がゆっくり洗濯物をたたむ。手の届く範囲に整理して置いておく。その後S子は痛風に罹り親指の付け根が痛いという。ご馳走ばかりでなく野菜や果物も摂る必要があると言うと野菜料理をして欲しいと依頼される。今までは野菜を食べないで肉や魚ばかり要求していたが、ヘルパーの言うことが理解できたらしい。食べやすいように工夫をしていると、「野菜も美味しいんだね」と言う。時間はかかったが、痛風は落ち着いてきた。バランスよい食事の必要性を改めて感じた。制度が変わり週5回毎日1回訪問となり、その後毎日3回のヘルパー派遣と医療関係の連携で在宅を支えている。

4．より良い在宅介護を求めて

　介護保険が始まる前の方がヘルパーの仕事は全体が見えやすい面白いものであった。今では北欧並みに短時間の効率よい訪問を視野に入れているようである。介護保険になる前に今とは違うサービスのあり方が試行錯誤でなされており、記録しておく必要があると考え掲載した。

　介護保険を導入するにあたり、マンパワーが不足すると言われ、ホームヘルパーの養成があちらこちらで行われている。そのため、在宅実習はビデオでよいとか言われていた。ビデオでなく、現場を知って欲しいのに現場が確保しにくい事情があった。いい加減な養成を許してはならない。さもないと、質の低下を招くからである。登録ヘルパーばかりが増えており、常勤ヘルパーはマネージャーや指導者になり、現場から離れていく。登録ヘルパーだけで対応出来ないし、質の向上にはならない。

　コストが合わなければ、仕事として成り立たないのは当然であるが、質のよいサービスは質のよいヘルパーにより供給されるはずである。登録ヘルパーが粗悪だというつもりはない。資格を取得して仕事に就いてからの研修やフォローアップが出来ていないため、成長しにくい状況にある。愛媛の今治社会福祉協議会では登録ヘルパーも必ず事務所に出てから仕事に出かけていた。午前か午後、事務所で先輩達とミーティングをしながら、問題の解決方法や簡単なカンファレンスが行われていた。こうした話し合いや勉強会が職員教育には欠かせない。ところが最近はコスト論ばかりで質の向上がなおざりにされているよ

うに思われる。

5．より良い施設介護を求めて

　施設においては、15年くらい前から介護に関する意識改革が進み、尿の匂いのする部屋は無くなった。離床をするようになり、寝たきりの人や褥瘡の人が減少してきている。寮母の数も少し増員されてきた。しかし施設では相変わらず寮母は忙しく働いている。施設長はバタバタ走らないようにと言われているが、仕事が多く、忙しくしないと回らないのである。

　北欧やオーストラリアやニュジーランドを見てから、施設の介護は高齢者の生活に合っていない部分がある。何が合わないのかずっと考えていた。人員配置や労働条件の違いはいかんともしがたく、寮母の人員増をお願いするぐらいしか、手のくだしようがないとも考えたが何とかならないか考えてみた。。

　原因の１つは入浴である。週２回の入浴が決められており、50人定員でも25人づつ入浴させるためには、月木と火金が入浴日となる。午前中の入浴が終わると急いで昼食にし、一休みすると午後の入浴にかかる。終わるとおやつ、おむつ交換、夕食と慌ただしく時間が過ぎる。機能別で効率良さそうに見えるのに寮母に余裕は無い。

　利用者と寮母がもう少し余裕の持てる介護は無いものか。ずっと考えていた。入院は期間が短いので我慢が出来る。何故なら病気が良くなれば帰ることが出来るので、帰るために努力も我慢も出来る。

　入所は期間が長いし、死ぬまでお世話になるかも知れない。ならばより利用者の落ち着ける場所であって欲しい。

6．ユニットケア

　５年前ユニットケアを見学に行かせて貰った。卒業生が施設長より勉強をするように言われたと相談を受けていたので、時間をかけて丁寧に見せて貰った。そこには私が求めていた生活の場があった。ユニットケアの創案者の人や関係者の熱い思いにもふれ、時間のたつのも忘れていた。話が終わった時はすっかり夜になっていた。

テープを頂いたので許可を得てダビングをして卒業生に送った。次の日、卒業生より電話があり、「機能別のケアに比べて、ゆったりとした雰囲気で、北欧のケアに近いものを感じた。もっと勉強したい」と弾んだ声で伝えてきた。

7．これからの課題

　少子化が進んでいるにもかかわらず、高齢化の波が押し寄せてきている今日にあって、これ以上のコストが掛けられないのであれば、金をかけるより様々の工夫が必要と考える。介護保険で自己決定をすることが出来るなら、自己責任において、もう少し自分らしく生活出来るような工夫が必要と考える。自分が受けたい介護に一歩でも近づけるような設備（ハード）と介護方法（ソフト）を皆の知恵で構築したいものである。

　全室個室にはまだまだ届かない施設が多い。4人部屋がほとんどであるが6人部屋も無いわけではない。お互いが狭い空間で生活するため窮屈であり、お互いの存在をある意味では無視しないと身の置き所が無いのである。さり気無く、一人になれる空間は人間らしさを保つ上で大切なことである。筆者も入院してみて、初めて切実に感じた。高齢者とて同じことである。工夫が必要であろう。

　しかしソフトは取り組み次第で可能なものも有ると考える。職員の人数は施設長の考え如何によるものであろう。北欧のような介護は職員数が少なく出来ないかも知れない。しかし、流れ作業を止めるためには、日課を無くする必要がある。仕事を整理し、誰かが側に居られる環境をつくる必要がある。流れ作業が高齢者の生活に合わないのであれば試してみる価値はあろう。

第4節　オーストラリアの在宅福祉（HACC）と日本の介護保険

　介護保険はドイツがモデルと言われたが、最近ではスウェーデンモデルをめざしている。英連邦の国々は20年前からイギリスと同じように、施設介護から在宅介護に移行してきた。しかも、ヨーロッパや英連邦で実績を上げた国は参考になると思うので掲載する。

日本でも、マネージャーの養成や試験が行われている。
　平成8年オーストラリアの在宅及び地域ケアサービスの研修で学んだものが介護保険に似ていたので、類似点や相違点をあげてみることにする。

1．日本の介護保険
　①介護保険の保険者は（運営主体）市町村である。市町村によりサービスは多少異なる。
　②1号被保険者は65歳以上の人で、介護を受ける対象になる。
　・保険料は市町村毎に介護サービスの水準に見合う基準額を決め、これを基に所得に応じ5段階に分けて年金より引くことになっている。
　・第2号被保険者40歳より64歳までの人で、加齢による一部の病気の人のみ介護を受けることが出来る。医療保険の算定方式で決められ、事業主と折半で給料から引かれ、第2号被保険者の保険料は全国でプールし、高齢化した地域により多く配分される。
　　　保険料50％と国の負担25％、都道府県12.5％、市町村12.5％で賄う。

2．オーストラリアのHome And Community Care（HACC）法
　1985年に出来た在宅中心の総合福祉サービスである。
　①運営主体は州である（国と州で決めるため州によりサービスが多少異なる）。
　②対象者は虚弱老人、障害者（精神障害や知的障害者を含む）、ホームレスで自立出来ない人、痴呆の人等長期間介護が必要な人及びこのような人を介護している人達である。
　③連邦政府60％と州政府40％が費用負担をする。
　④申請は自立した生活が出来にくく、なんらかの家事、介護支援を必要とする時に本人や家族が申請する。

3．調査（アセスメント）
　①日本…国が決めたアセスメント表のほか幾つかのツールがある。市町村の調査員が出向き、生活の場で調査する。かかりつけ医の意見書がいる。認

定審査会で検討する。
②オーストラリア…出来るだけ在宅でマネージャーが調査する。高齢者評価は国の費用で行われ、公立病院の老年科医療サービスに所属していることが多い。評価チームのメンバーは医師、看護婦、ソーシャルワーカー、理学療法士、作業療法士、事務員で構成される。

　それ以外に、総合病院やリハビリテーション病院で行われたりする。小さい町では看護師とソーシャルワーカーだけのチームもある。移民の国なので原住民（アボリジニー）や英語の喋れない人達、痴呆の人へのアセスメントは特に重要と考えられている。

4．ケアマネジメント
　HACCは在宅中心で考えられているため、介護保険も在宅中心に述べる。
　在宅で生活している人は多様なニーズを持っている。家族や住宅事情、社会資源、近隣との関係によりニーズは大きく変わる。オーストラリアの移民は多民族であり、宗教の問題で牛肉や豚肉を食べることが出来ない人がいる。若い頃は英語が喋れていても、認知症で母国語しか喋らない人の対応は困難であるが、それぞれのニーズに答えるべく多様なサービスが官民で出来ている。
　マネージャーは医療機関や福祉サービスの社会資源のコストを熟知し、ニーズに合わせて早く適切なサービスを組み合わせる必要があり、交渉能力が必要である。より安く、良いサービスを得るために入札で決めていたが、サービス機関も生き残るため安くて良いサービスを提供出来るよう努力している。
　ニーズに合わせたマネジメントが必要だが、オーストラリアでは20年近くたち、安くても良いサービスが揃ってきた。日本の介護保険も安いものや高額だが付加価値のあるサービスを提供する機関が現れると考える。ただ儲けるためのサービスであってはならない。利用者本位のサービスであって欲しいし、対象者の尊厳を考慮したものでなければならない。

5．サービス内容
1）介護保険では、以下のとおりである。

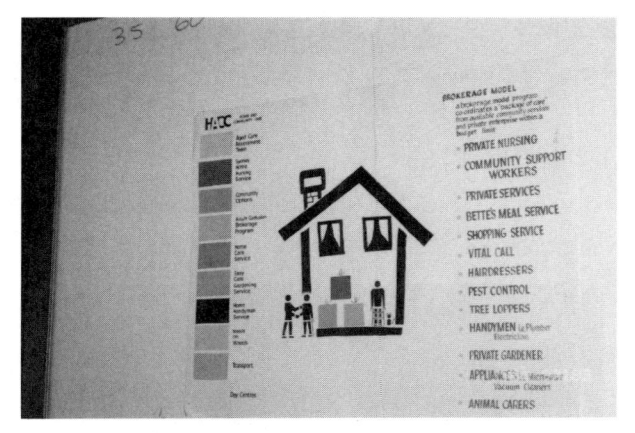

第5章　海外から日本の介護福祉を考える　107

オーストラリアの在宅福祉HACC

① 要支援者にはホームヘルパーによる家事の必要と認められた援助、デイサービス等であり、施設入所は出来ないとされている。
② 要介護度1は利用者や家族と話し合い、利用者のニーズに合わせサービスを組み合わせていく。施設入所も可能である。ヘルパーによる入浴や排泄介助、食事介助、通院介助、短期入所、訪問看護、薬剤管理、往診、訪問歯科治療等の援助が受けられる。
③ デイサービスでは基本的には要支援〜要介護5までが利用出来るが、自立の人も予防として月1回のデイサービス利用が行われている。

2）HACCでは必要に応じ、以下のようになっている。
① デイサービス、ホームヘルプサービス、配食、訪問看護、家屋の修理改造、失禁ケア等を組み合わせて行う。
② 送迎サービス（高齢者障害者に実施機関で買い物、外出等グループで輸送する。）
③ 地域看護（1週7日、日本の訪問看護にあたる。）
④ 緊急通報サービス（監視ネットワークが担当1週7日、24時間体制。）
⑤ 配食サービス（1週7日間、あたたかい食事か冷凍の食事を配達する。）
⑥ 庭園サービス（簡単な庭の改造、芝刈り等。80％近く持ち家で高齢者は木の枝を切ったり、管理出来ないため。）

⑦住宅改造と保守サービス取り付け工事、改造工事根本的修理（手すり、出入口の修理、鍵の取り付け、シャワーの把手、小さな配管配電工事等）を行う。
⑧ショートステイは必要に応じいつでも受け入れる。
⑨ヘルパーはいろいろな組織があり家政婦協会のようなものや国の組織の人もいる。a.m. 8：00〜p.m. 8：00が基本であり、24時間の場合泊まり込みになる

オーストラリア　老年病院においてケアマネージャーに説明を聞く。

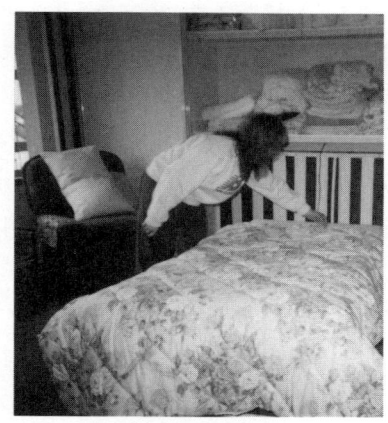

民家を利用した多機能デイ　デイサービスだが必要に応じショートステイもできる。クローゼットのドアがベッドに早変わりし、いつでも泊まれるようになっている。

が稀である。p.m. 8：00以降はオーバータイムとしペナルティーとみなし、土曜日夜は1.5倍、日曜日夜2倍、国民休日夜は3倍払う。

（夜は高いのでホステルかナーシングのショートを使用したほうが安い。）

6．職員の養成

1）第1のレベル

　看護師、OT、PT、ST等を対象にした高度な教育を行う。

2）第2のレベル

　マネージャー資格研修236時間で評価とケアプランの作成40時間、人間関係30時間、人的資源の管理、職業上の保健と安全問題36時間、コンピューター、マーケッティング、資源開発等長時間の研修が必要とされている。

3）第3のレベル

　①特別な労働や事業を進めるための訓練

　②HACCの対象者と多様なニーズに関する考え方

　③HACC事業の政策、サービスの開発や標準化の方法

　④HACC事業入門

について基本科目と選択科目で200時間とする。

7．ホームヘルパーの養成

　日本のヘルパーは採用時70時間の研修を受ける。2級、1級（360時間）とあり、介護福祉士の人も沢山現場で働いている>

　オーストラリアのヘルパーは1～3級がスタンダード、4級が上級になる。痴呆の人のケアをする人は3級の資格が必要。痴呆の人のケアをするためには、非英語圏の人達も勉強して、コースがとれなくとも、家庭において通信で勉強し、資格が取れるよう工夫している

8．介護保険の対象

　介護保険は高齢者を対象にしており、利用者とその家族に対するケアである。HACCは障害者をも含み、児童や家族に対してもケアが行われており、夫婦間

や家族の調整や、養子の支援事業、家族関係の調停、仲裁等も弁護士の援助を行う。

　家族を休養させるため、様々なサービスを行っており、訓練を受けた専門家がデイサービスセンターや野外でキャンプ等を行う。

　在宅痴呆の人にはヘルパーが泊まってお世話をし、家族に休養を取らせることも稀にある。

9．まとめ

　日本に比べ非常にきめ細かくサービスが行われ虐待や家庭内暴力に対するカウンセリングや裁判に対する情報も提供される。障害児の家族の調整は複雑で多岐にわたって行われる。経済危機により施設入所から在宅に方向転換して約20年になり、医療費は軽減された。

　徐々に高齢化しており、これから先はサービス料を高くしないとやっていけなくなる。高齢者は資産を持っている人が多いので、ユーザーが金を払うか、年金を掛けるようになるのではないかと思われるとの説明を受けたが、世界中で老人の問題はクローズアップされている。

　日本の介護保険も最初はまごつくと思われるが5年後には障害者も加えられる予定で、柔軟で使いやすいものになることを願っている。

第5節　高齢者・障害者の在宅サービスHACC

はじめに

　オーストラリアは英連邦の一つで、様々な事でイギリスの影響を受けている。福祉においてもしかりである。イギリス国民は病院や施設に入る事のみが幸せとは限らないと気付き始めた。医療は国の支配であり、福祉は地方自治体の責任であり連携を取るのはむずかしい。サッチャー首相はシステムの見直しをしても連携をとる効率の良いシステムにするよう勧告した。その影響を受けオーストラリアも1985年に在宅・地域ケア（Home And Community Care Act）が制定された。

1970年頃まではオーストラリアでもイギリスと同じように病院やナーシング・ホーム中心の施策で多額の予算を使っていた。しかし在宅・地域ケア法が施行されるようになり効率の良いトータルケアを考えるようになる。
　オーストラリアの人工は1860万人、面積は日本の22倍、建国200年である。ヴィクトリア州、ニュウサウスウェルズ州、クインズランド州、ウェスタン・オーストラリア州、サウス・オーストラリア州、ノーサン・テリトリイ州、タスマニア州と首都地域に分かれており連邦国家になっている。

1．オーストラリアの高齢者Victoria州の事例から
　平均寿命男性73.3歳、女性79.6歳（延命はしない）高齢化率11％、60歳以上シニアカードをもらう。公共乗り物や店での割引をしてくれる。65歳になっても80％以上の人は援助の必要なし。70歳位で仕事の収入が無くなる。79％の人が持ち家で、7.4％は個人の家を借り、4.8％公営住宅である。高齢者は女性が多い。老齢年金は男性65歳、女性60歳より支給され、サラリーマンは55から59歳での退職者が多い。

2．福祉の法制
　　1953年　国民保健法
　　1956年　障害者援護法
　　1969年　在宅ケア法　ホーム・ヘルプサービス
　　1969年　医療関係従事者サービス法
　　1970年　給食補助法
　　1972年　高齢者障害者ホステル法
　　1974年　ナーシング・ホーム援助法
　　1974年　ホームレス援助法
　これらの法律により運用される。H・A・C・Cは連邦政府と州、準州が共同で合意したガイドライン及び手続きにより実施する。
1）費用の負担は連邦2、州2の割合
2）高齢者ケアのアセスメント（評価）チーム

各専門職の集まりで医師、看護婦、ソーシャル・ワーカー、作業療法士、事務職員で構成される。都市部においては全ての職種のメンバーがいるが、小さい町では遠いところに居る医療専門職との協力を得て看護婦とソーシャル・ワーカーだけのチームもある。

3）利用できるサービス
　①医療サービス
　・開業医
　　高齢者の90％は少なくとも年1回は診療を受ける。
　・高齢者ケア評価チーム
　　ニーズに合ったもっとも適切なサービスの組み合わせをする。
　・老年科医療サービス
　・老年精神科サービス
　　鬱病、痴呆他の精神科の病気にかかった人に関わる。
　・訪問看護
　　身体の清潔を保つこと、投薬、傷の手当て、一般的な観察（患者を見守る）等の援助をする。無料で行われる。民間の看護サービスも利用出来る。
　②日常生活援助
　・家事援助
　　掃除、洗濯、炊事、買い物。時間数が制限される傾向にある。
　　民間の機関も家事援助や住み込みケアまで出来る。
　・配食サービス
　・自宅改修、便利屋サービス
　　住宅の維持管理、改造をしたり錠前を二重につけたりして安全に暮らせるようにする。
　・隣近所の助け合い
　　市町村役場をベースに組織される。約束の時間に買い物、送迎の援助をする。
　・移送サービス
　　外出するときや車いす生活者の移動の援助をする。
　　教会を基盤とした団体。

地方では食事サービスや親身なお付き合いやレスパイトケアを提供する。
③特別複合サービス
・地域特例支援プログラム
　個別のニーズに合った柔軟で相互協力のとられたサービスを提供する。
　ケアマネージャーは高齢者が在宅生活を続けられるようにサービス間の調整をする。
・地域高齢者ケア複合サービス
　ホステルやナーシングホームでのケアが必要な人たちを援助するため地域ケアサービスをうまく組み合わせる。
④カウンセリング
・介護者支援グループ
　老年科医療サービス、デイセンター、施設ケア団体、アルツハイマー協会等が運営されることが多い。
・アルツハイマー協会
　痴呆老人や家族の支援やカウンセリング等を行う。
・高齢者ケア評価チーム
　メンバーは最初に診断がされたときカウンセラーの役割をする。
　ケースマネージャー（ソーシャル・ワーカーであることが多い）はその後もカウンセラーの役目をする。
⑤レスパイトケア（家族が休めるための支援）
・家庭でのケア
　民間機関や教会のグループで行われている。
・デイセンター
・ショートステイ
　ホステルで年間63日まで。ナーシングホーム、病院のショートステイもある。
⑥在宅看護ケア給付
・家庭で慢性疾患の高齢者等の介護をしている人に給付
　16歳以上でケアされる人と同居している人。
　ケアされる人は慢性疾患にかかっていてナーシングホームへの入所が出来

るぐらいの疾患か障害がある人。ナーシングケアを受けていること。
⑦家計援助
・委任状、銀行口座や金銭管理の依頼を行う。
⑧居住施設
・ホステルを60歳以上の高齢者に対し住居とケアサービスを提供する。自分の家で生活できない人を入居させる。
・ナーシングホーム
障害がある人や痴呆がある人が入所する。

　オーストラリアは広大な土地にイギリスより入植者が入り建国して200年で若い国であり、民家は200坪くらいが普通である。移民を多く受け入れているため、英語を母国語としない人も多い。ウクライナ、ラトビア、ポーランド、ハンガリー、チェコスロバキア、イタリア、中国、ベトナム等多くの国の言葉が使用される。
　若いときは英語がしゃべれても少しずつ自分のことがうまく出来なくなり、援助が必要になってくるが、伝達がうまくいかなくなる人が増えてきている。そのため介護や援助は大変である。
　かつては入院や施設入所がすすめられたが、病院医療は高く付くので在宅中心になってきている。日本では平均入院日数は40日くらいといわれている。オーストラリアの平均入院日数は3.9日であり、お産では次の日に退院である。かなりの大手術でもあくる日より歩いてトイレに行かせる。早く退院させるため在宅でのケアが重要になってくる。対象者に対し的確で公平なサービスを行うためには、ニーズに対する適切な評価がなされねばならない。評価に関する業務は公立病院、総合病院、高齢者障害者リハビリテーション病院等で行う。
　高齢者ケア評価チームは高齢者障害者恥分の家で援助を受けて生活すべきであると考えており、施設入所は支援サービスが高齢者障害者のニーズに応えきれなくなったときの選択肢の一つと考えている。
　可能であれば、評価はその人の自宅でするのが良い。自宅は一番くつろげる場所であり、ニーズにあった適切な評価ができる場所である。

大抵の場合評価チームではかかりつけ医師の紹介状をもらう必要がある。他のチームメンバーが必要な時はケアを受ける人や家族も頼む事が出来る。また評価を受ける時はニーズにあったもっとも適切なサービスの組み合わせを受ける人自身が選択出来る。ケアを受ける人の状況をよく理解し高齢者障害者がケアを受けやすくする。

3．まとめ

介護職の人が評価チームメンバーに入っていないのは残念である。

日本の介護保険には介護福祉士がメンバーとして入っている。高齢者障害者の生活の部分がよく見えるのは介護職であり、そこが抜けているのは残念である。

オーストラリアでも日本と同じように家族が徐々にケアをしなくなってきている。そこで公的ケアをしていかなければならなくなっている。このままいけば、20年後、あるいは30年後には税金が高くなっても良いケアが受けられないかもしれない。

第6節　日本から見た海外の現状

1．上手な医療のかかり方・選び方

北欧のスウェーデン、ノルウェー、デンマークの福祉を見てきたが、イギリスや英連邦の国々などを含む世界全体が高齢化に対応するために、医療費の見直しや、福祉のあり方などを検討している。どの国も、経済的に大きな伸びは期待できず見直しを余儀なくされており施設介護から在宅介護にシフトを移してきている。国によっては医療費が3割以上カットでき、福祉に回すことが出来ている。

北欧では地方公務員のかかりつけ医がおり、かかりつけ医にかかる場合は基本的に無料である。薬代も無料であるがノルウェーでは薬代が3割必要であった。

病気になると、かかりつけ医の診察を受け、処方箋で薬をもらう。病院に行く必要がある場合は紹介を受け、県立の病院にかかることが出来る。自分で勝

手に病院にかかる場合は自己負担である。ゆえに、政府がコントロールしやすいことが分かる。

　日本では、ほとんどの医師が民間であり営利を目的としているので、コントロールしにくい部分がある。しかも、高齢化、少子化が進み、高度な医療が取り入れられるため医療費の高騰は抑えられないところまで来ている。助けるための医療は必要と考えるが、延命のための医療はどこまでで抑えるのか、真剣に考える必要があろう。

２．介護職から見た医療

　日本においてはちょっとした風邪でも病院に行く人が多く病院は混雑している。かっては病院で待つ時間が長く、３時間待ちの３分診療といわれれいた。こうした病院偏重の医療を生み出した原因は何であろうか。高齢者はいくつもの病気を併せ持っている。高齢者に尋ねると、「私が複数の科にかかる時、病院は一度に済むので便利がよい。時間はかかっても暇だから…」と言う人が多かった。暇だからと言われても病人の中にも、忙しい人も多く、本当に状態の悪い人は長時間待つのが苦痛であろう。

　「病院では高価な機械が揃っているが、診療所ではすべての機械があるとは限らない。病気によると検査が出来ない場合もある。だから病院は安心だ」と言う。今の医学は専門分野に分かれており、専門に関しては非常に高度化しており、臓器の移植さえ出来る時代である。病院を替わるごとに検査、検査で疲れ、死が近い人まで検査を繰り返すのは見ていて辛くなる。助けることが医師の使命であるが、時と場合によると思う。筆者の父もターミナルで数日の命と言われながら検査が繰り返された。苦痛を訴える父に、「先生の指示です」と検査を続行しようとする。苦痛で嫌がる父を見かねて兄が「もう検査を止めて欲しい。静かに死なせてください」と言う言葉にほっとするものを覚えた。

　生かすために管でつなぎ、さまざまな延命行為をすることに、いくらかの疑問を抱く。苦痛は取り除く必要があるが、ただ、延命行為をするのは本人にとっていいことなのだろうかと疑問に思う。

　北欧での医療制度は市町村のかかりつけ医と県の病院で構成されているが、

分業がシステム化されており、病院から在宅に帰すと、かかりつけ医が受け持つ。どうしても、市町村の負担が増大し財政が圧迫されるが、在宅福祉でカバーして乗り切ろうとしていた。

　ナースの権限が強く、在宅に訪問して、医師につなげるか、ホームヘルパーの対応で間に合うか、訪問看護で対応するか決める。医療行為も訪問看護やホームヘルパーの連携でうまく対応できていた。

　日本ではなかなかうまく対応が出来にくく、タイムリーに連携が取れない場合も多い。

　WHOの元事務総長のアルフダン・マーラー博士はデンマーク人でプライマリーヘルスケアの考えを提唱した人である。『病院偏重の医療には無駄が多いので、改善が必要である』と唱えた。病院の既得権の問題もあり改革は非常に難しいが、基礎医療と病院治療の分業が上手くいくと効率が良くなると思う。出来るだけ社会的入院を減らすために、かかりつけ医中心の在宅医療、在宅福祉をすすめることが求められている。

1）　かかりつけ医の利点
①待ち時間が少ない。
②患者の体質や家庭の事情なども知っているため親しみやすい。
③いざという時往診など素早く対応出来る。
④いつでも連絡すれば答えてくれると言う安心感がある。
⑤病院のように先生が替わることがない。

2）　かかりつけ医の欠点
①親しくなりすぎて変なことを聞いたら笑われるのではないかと逆に聞きにくいこともある。
②転院しにくい。
③検査によっては機器が揃わず出来ないこともある。
④診療所と自宅が遠い場合は連絡が取りにくい。

3） かかりつけ医の機能と理想像
①かかりつけ医は病気の時だけでなく、検診や健康相談が出来ることが望まれる。
②手に余る場合は専門医につなげる勇気が必要である。専門の先生の引き出しが沢山欲しい。
③病人は心細く、落ち込みやすいので押し付けないで相談にのって欲しい。人柄が大切である。
④専門知識が深いのは当然であるが幅広い医学知識が要求される。

3．かかりつけ医に望むこと

　かかりつけ医に望むこととしては福祉施策にも関心を持って、高齢者、障害者の生活支援に協力をお願いしたいものである。医療と福祉の連携は必要不可欠なものである。

　私たち福祉に携わる者が相談に伺った時、たいていの先生は忙しいにも関わらず相談にのって下さり、指示をしてくださる。利用者に何かあった時、突然伺う無礼をお詫びする必要はあるが、忙しいからと門前払いを受けることもある。福祉関係者は臆病なところもあり、相談しそびれてしまうことがある。その結果病状を悪化させ、致し方なく病院へ駆け込む場合もある。気軽に相談できる、かかりつけ医がいてくれたらどんなに心強いことかと思う。

　以前、重度心身障害時の母で50歳代の人がいた。「乳房にしこりがある」と言われ気にかかり、触らせてもらった。友人の母の癌の手触りと似ていた。「医師で無いので良く分からないが、手触りが癌に似ている。病院で受診してください」と告げた。彼女の両親とも胃癌で若くして亡くなっていた。しかし障害児を抱えているため自分が守らなければならないという思いが強く、「友人は脂肪の固まりだと言う」と言い受診を拒んだ。ちょうど姉が乳癌の手術をして1年たったばかりの友人のホームヘルパーに話すと「私が話してみる」と言い、説得してくれたが、結論を出されるのが怖いのか病院へは行こうとはしなかった。主人は受診を勧めていたが、子供の世話を理由に本人は行こうとしない。息子が来た時に、受診を勧めて欲しいと依頼したが、冗談のように「保険を掛けておいてくれたら…」と取り合わない。1年後、「しこりが二つに増

えた」と聞いた時、背筋が凍る思いがした。「とにかく受診して下さい」と言うと素直に頷き、親友に電話した。友人が来て癌手術で有名な病院に同行してくれたが、乳癌ということで即刻入院となった。癌は隠れた部分にもあったそうである。間もなく重度心身障害者の息子は入所した。癌の手術後退院して、訪問が再開された。しかし、母は抗癌剤の副作用に苦しみながらも息子の世話を生きがいにしており、見守りながら生活を支援した。2年ぐらいしてその母は死亡した。近くに相談ができる、かかりつけ医がいれば状況は変わっていたかもしれないと思うと非常に悔やまれた。

　逆にとても理解のあるかかりつけ医がいて、認知症高齢者の支援に協力してくれた。留意点の指示や、薬がその人に合うまで様子を見てくれたため、少し改善できたこともある。また、別の高齢者が高熱を出した時、かかりつけ医がすぐに駆けつけ点滴をしてくれ、落ち着いた。

　日中認知症高齢者が一人でいて、排泄の始末も出来ないから訪問して欲しいと教えてくれ、大便の始末が出来ない老人が、ホームヘルパーの派遣で改善された。このように、在宅を支えるためにはかかりつけ医、ホームヘルパー、訪問看護、ケアマネージャーなどが必要に応じ、常に連携を取ることが必要である。

4．介護保険後のかかりつけ医

　介護保険の開始により、かかりつけ医の役割はいっそう大きくなってきた。保険申請の時に主治医の意見書が必要となった。まさしくかかりつけ医の役割が期待されたのである。しかし一部の主治医は高齢者の状態を把握しておらず、異常なしと書き、現実の状態と合わない判定が出された場合もあった。

　かかりつけ医であれば、その人や、家庭の事情まで理解している場合もあり安心して依頼できる。介護保険ではかかりつけ医の医学的管理として医師、歯科医師、薬剤師等が家庭を訪問し、療養上の管理や指導を行うことになっている。往診などで病状の管理をしている医師もいたが、歯科医師の訪問により歯の治療や入れ歯の作成により、食事が摂れるようになった高齢者もいる。薬の飲み方の指導なども行われている。

　特に在宅でのターミナルケアを望む場合は、かかりつけ医の往診が必要不可欠

となり、肉体的な苦痛や精神的な不安の対応にも期待される。家族も精神的にも肉体的にも疲労し、不安を訴えるため、ホームドクターは看護師や、ホームヘルパーと連携を取りながら支える必要がある。しかし診療所は総合病院のように多くの専門ドクターを抱えていない。複雑な病気に対応するには検査の機器類や薬の種類が必要であり、専門の診断が出来る大きい病院にかかる必要がある。

　筆者も以前、目がかすみ、眼科にかかっていた。改善はされたがドクターから内科の受診を勧められ、内科の病気の診断がなされた。しばらく投薬を受けたが、薬が無いとの理由で総合病院の紹介を受けた。お陰でずいぶん楽になった。薬や検査にもホームドクターには限界があり、必要時には総合病院もしくは専門病院に繋げる必要がある。筆者は限界を認め、誠実に紹介をしてくれたドクターには深く感謝をしている。

　今では手術の方法も随分進歩し、多くの人の命が助けられている。昔では考えられなかった臓器移植さえも可能になった。子供が授からない人のために人工授精が行われる。しかも冷凍保存された卵子が使用されることもある。遺伝に大きく影響される病気には遺伝子治療も可能である。こうした医学の進歩は多くの人の命を救うものである。

5．今後の動向

　療養型病床群は一か月50万円かかるといわれていた。コストが高いため、新しく作ることは認められない。かわりに有料老人ホームが急激に増えてきている。高額の入居費が必要な施設と、400万円くらいの頭金の必要な施設と、一時金40万円の施設と、一時金なしの施設と様々なものが出来ている。毎月12万円くらいで入居できる。有料老人ホームもケアハウスも県に認可されれば、介護保険が適用され、ホームヘルパーの派遣がなされる。

　しかし、医療依存殿高い高齢者は自宅に帰ることに不安があり、家族も受け入れが十分でない場合、看護師が配置された医療付きマンションなども出来ている。医療法人が建設をしている場合が多く、長期にわたる医療を必要とする場合は大勢の相部屋で気兼ねして暮らすより、一人で自分らしく暮らせるのは良いことだと思う。

認知症対応のグループホームもめざましい勢いで増えてきている。問題も抱えてはいるが選択肢が増えることは利用者にとって良いことであろう。

第6章
ユニットケアによる介護福祉

第1節　ユニットケアとの出会い

　5年前、ある講演会できのこ老人保健施設（以後きのこ老健という）の中野さんと知り合い、北欧のケアを取り入れているということで見学させて頂いた。まず、風呂と食堂、トイレが気になり見せて頂いた。浴室が1か所では流れ作業は止められないと考えていたからである。浴室は2か所あり、それぞれの出入り口は両方から入れるようになっていた。1か所の出入り口では混雑が避けられない。行く度に施設の職員の変化がめざましく、楽しくてしかたがなかった。高齢者の方もごく自然な振る舞いになり、落ち着いてきた。家族の面会も多くなり、職員の仕事ぶりもユニットごとに変化が現れ、ユニット間の競争から協調に移行していった。ユニットに入ることで私の心が和んでくるのが分かった。

入浴後のひととき

第6章 ユニットケアによる介護福祉　*123*

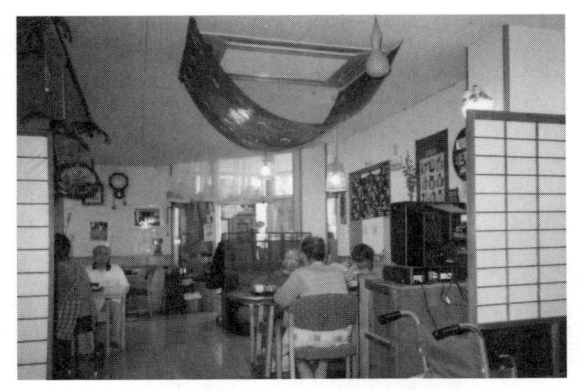

少人数でくつろいで談笑している

1．実習施設との最初の関わりで

　実習施設の親しい職員の方には「流れ作業を止めたいね」と話すようにした。意識の高い職員は「高齢者のために利用者本意の介護を考えると今の介護は少し違うのではないか」という問題意識は持っていた。しかし方法論が見つからず、日々の仕事に追われていた。

　そこで、きのこ老健の西谷氏のまんが「ユニットケア・施設革命」の本を買い込み「北欧のケア・寝たきり老人のいない国」のビデオを持参し、職員に見てもらうことにした。

　職員の気持ちとしては改革したいと思う人もかなりいたが、職員数の問題や方法論が分からないとか、施設長の無理解で実現はむずかしい施設もあった。

2．親しい施設との関わり

　A施設では、施設長が職員に「出来ることからやってみなさい」と言われた。私はヒントとして「おやつを配った後、職員は食べさせ終わると居なくなるけど一緒に食べたらどうでしょう。お茶も紅茶やコーヒー、ジュース、ココア、抹茶等選べるほうが楽しいし、一緒に飲めば話が弾むのではないか」と話した。3か月後若い職員が「高齢者との話が広がり、タケさんは15歳までハワイで生活をしていたので、コーヒーを勧めると英語を喋るようになったとか、雪さんも若いころの話をしてくれるようになり毎日が楽しい」と報告を受けた。施設長は

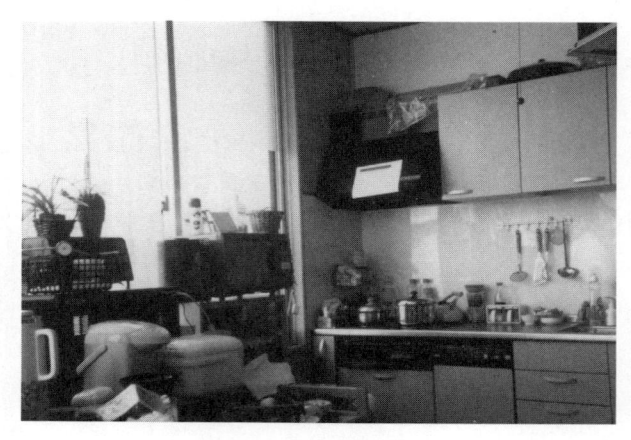

ユニットの台所

「近いうちに全室個室のユニットケアをしたい」と張り切っている。

　B施設では、看護部長に「これからは、介護の質が問われるのでユニットにすると利用者や家族から評価していただけると思う。入所待機者が多いからといって胡坐をかいていると取り残される」と話していた。職員の方が良い介護にしたいと熱心に訴え、上司も理解を示し、さっそくユニットケアにするために、各階にある広いトイレを改造して浴室を造った。食事においても、1階にある食堂まで移動するのに毎回40分以上かかるのだが、各階で食事をすれば移動時間も少なく、少しずつ余裕ができて、流れ作業は無くなった。まだまだ十分とはいえないが、確実に変わっている。

3．施設を変えるのは職員の意識

　ユニットケアを行いたいと思っていても、方法論が分からない場合もある。ハード面ではいかんともし難い部分はあるが、出来ることからやっていくのが良いと考える。一部屋潰して居間を造ることが考えられる。居間にはお茶が飲めるくらいの準備をすることを考えると湯飲みを洗う流し台や食器洗い機が必要である。県としては認め難いと思うが、その場所で職員が利用者と話をしたり、記録をしたり、いつも誰かが傍にいる工夫をすることが高齢者の精神的な安らぎにつながり、落ち着いた生活になっていく。以前は、手際よく仕事をこ

昔にあった道具が置かれている

なす職員が良い介護職員とされ、職員が次の職員に気を遣い仕事を残さないように忙しく働く人が良い職員とされていた。仕事は日課に沿ってマニュアル通りに行われるのが当たり前とされていた。これは利用者の生活のリズムや習慣とは大きく異なり、なかなか馴染めず困惑するばかりである。世話になるので文句も言えず、自分を殺して諦めて生活を送るようになる。表情が乏しくなった高齢者は抵抗もせず、諦めていた。このような光景はあちこちで見受けられる。これは利用者本位ではない。北欧では利用者のために時間を使うことを最優先し、業務は後からするか、利用者と一緒に行うようにする。自分の責任範囲を自覚して仕事を行う。他の職員のことをあまり気にしない。このような姿勢が必要で、それぞれが、必要な仕事を話し合い、何をするかを理解して、自分の責任を果たす必要がある。

4．ユニットケアでの関わり

　毎月のように、きのこ老健に行かせて頂いている。そこには生活している人々がいて、職員がいる。家族が面会に来て、自然に会話が弾み、分け隔てなく時が流れる。家族が食事の介助や買い物に連れて出る。見学者がいる場合も大勢が一か所には入れないので、家族や知り合いのように普通に振る舞う。職員が何か用があり、事務所に行く時は利用者に声を掛け一緒に下りてその辺を

一回りする。余裕があれば散歩に連れて出る。

　利用者も飽きると隣のユニットや別のユニットに散歩に出かける。職員は「いらっしゃい」と近所の人を招き入れるように会話する。お茶の時間であればお茶が振る舞われる。頂き物が多い意場合は、隣のユニットにおすそ分けをする。

　利用者も洗濯物をたたみ、テーブルを拭く人もいるが、強制ではない。普通の生活がそこにある。不思議と心が休まり、穏やかな自分がそこにいる。お茶を頂き、利用者や職員といろいろ会話する。次回お菓子を持参する話になり、持参しても約束したことも忘れているが、約束は守るように心がけている。利用者は忘れており大笑いすることもあるが、何事も無かったように普通に会話が弾み、お菓子が出る。同じお菓子でなくても好きなものを自分で取り、満足している。食事を一緒に頂く時は、利用者の一人が「お客様からお出ししなさい」と職員に声を掛ける。何気ない会話が昔の利用者を想像させてくれる。

　たまたま家族が面会に来て、報告すると家族も喜ばれてまた昔の話が出てくるのである。一種にお茶を飲み、会話が弾む。慣れない人はいつトイレ誘導したのか、入浴に行ったのかさえ気づかない場合もある。一定の仕事はそれぞれが認識しており、誰が何をすべきか承知しており、簡単な話し合いで仕事の役割が出来ている。自分で考え工夫する。一緒に行く友人が「なぜこんなに普通の生活が出来るのか」と言いつつ、痴呆高齢者と話し込む。また、徘徊を始め

老人の部屋

た方と一緒に歩いている。「楽しい。こんな介護に日本中がなればいいね」、帰り際に友人が漏らした。

第2節　ユニットケアを求めて

　最近ユニットケアに関心を持って勉強を始めたのであるが、今までのケアと大きく違うことは日課が無いことである。
　武田氏によると「施設をいくつかのグループに分けて小規模化する形態であり、流れ作業的なケアでなく、生活を一緒にしていく」ことであると述べている。
　高齢者が今まで生きてきた生活を大切にして、出来るだけその延長線上に施設があるようにしたいという考え方である。高齢者一人ひとりが主役であり、生活者であると考えている。

1．入浴について
　洗れ作業の原因であった入浴に振り回されないように、一人が責任を持ち、浴室への誘導から脱衣、入浴、着衣、部屋までの誘導をすることになっており、高齢者が出来ることは自分で行い、出来ないことを手伝う自立支援の介護がなされている。見守りや、自立支援は時間が掛かるように見受けられるが、高齢者の表情には安心感が表れている。これは担当制で馴染みの寮母がいつも側に居ることが原則である。担当寮母が休んだときは他の寮母が仕事を行うが、必ず担当に報告があれば問題は無いと考える。
　ここで考えなければいけないのは、浴室が1か所では機能が果たせないということである。1か所で50人の人を入浴させるためには、物理的にも流れ作業（機能別）で行うしか方法が無いと思う。少なくとも2か所以上、出来たら3か所以上欲しいと思う。

2．食事について
　10人ぐらいのグループごとに台所を1か所造ってある。ご飯や味噌汁を一緒

に作り、温かいものを一緒に食べる。時間のかかるひともゆっくりくつろいで食べていた。

　4時頃、高齢者と寮母がおやつを持って、一緒に居室に帰って行った。尋ねると、まだ3時のおやつを食べなかったが、食べたくなったので、自室で食べるという。部屋は2人部屋であったが、衝立で仕切られ、小さな机と椅子が置かれてあった。都合により一人で自室で食事を摂ることもできる。（寝食分離は当然である）別の部屋はタンスや家具で仕切られており、ここでも自分のプライバシーが守られるようになっていた。一人になれる空間が嬉しかった。

3．排泄について

　基本はトイレであろうが尿意が分からない人も多く、オムツを使用している人も多い。トイレ誘導と同じように、オムツ交換も一人ずつ誘導して交換している。排泄すると気持ちが悪いであろうという配慮から、随時交換をオムツ交換室でしている。尿臭は無い。尿意や便意があるならば、間に合わなくておむつを使用していても、トイレを使用できれば快適に排泄が出来ると思う。

　ある身体障害者療護施設では頸椎損傷の人も毎朝トイレで排泄をするため、トイレは順番待ちでラッシュになるが、朝の排泄が終われば、安心して1日が送れるという利用者の声に応えて、励行している。

　利用者は朝の排泄がきちんと出来ないと、何かをしている時も落ちつかなかったり、便秘が続くと排泄に非常に時間がかかったり、浣腸をしたり、大変な思いをすることがあるので、毎朝排泄が出来ることは嬉しいことだと言う。

　私達も同じことであり、高齢者や障害者が特別な訳ではない。

　学生たちにオムツ体験をさせているが、教員も当然体験をする。初めて体験したときはなかなかオムツに排泄出来なかった。なぜなら、私達は1～2歳から排泄はトイレで行うものとトレーニングされてきているからである。便に至ってはとても気持ち悪くて我慢できない。高齢者も障害者も痴呆性老人も同じことである。気持ち悪いから触り、オムツを外すことが理解できた。

　ユニットケアをするためには、職員数を増やさなければ出来ないという事をよく聞く。職員が多いのはいいケアにつながると思う。しかし、職員が多いだ

けで良いケアが出来るとは思わない。職員の質と経営者の考え方が大きく作用すると考える。職員を、高齢者2人に対し寮母と看護師合わせて1にするのが難しいとすれば、仕事の省力化を考える必要がある。特別養護老人ホームの個室化が可能で、トイレとシャワーを付けて頂けるなら、排泄で汚れて紙で拭いてもサッパリしないときシャワーで洗えば綺麗になる。

職員の意識の改革が難しいと、きのこ老健の篠崎氏、武田氏からよく聞く。つい以前の仕事に戻ろうとしてしまうことが多く、苦労も多かったと聞く。試行錯誤の連続で、経営者がしっかりした信念が無いと難しいであろう。職員も大変な苦労であったと思う。

先日、2年生の学生に山手村の施設を見に行くように勧めた。帰るなり目を輝かせて報告に来た。とてもゆったりとケアをしていて、感動したと言う。ソファーに座った高齢者の肩を寮母がもんでいた。高齢者が気持ち良くなり、貴方も座りなさいと言われ、寮母が横に座ると間もなく二人でうたた寝を始めた。もちろん寮母は起きて仕事に戻ったが、ほんの僅かでもうたた寝をした寮母をサボっていると考えるか、それほどリラックスさせる介護をしたと考えるかである。

デイサービスでは通所者がよもぎの新芽を摘んできた。皆でよもぎ餅を作ったら美味しそうねということになり、次回にはAさんが団子の粉を買ってくる、Bさんがあんこを調達するという事になり、行事を自分たちで作っている。

4．まとめ

何であろうと良いものを作るには時間がかかる。批判や悪口は誰でも言えると思う。介護保険も十分なものでないかもしれないが、知恵を出し合って良いものに育てるべきであろう。少なくとも介護の社会化に一歩踏み出したことは確かである。

介護は未だ十分育っていない学問である。しかし、確実に成長しつつある学問である。誰でも確実に年をとる。老人になるのである。誰しもあまり考えたくない事であるが、痴呆にならない、障害者にならないという保証は無い。

痴呆性高齢者の問題行動と言われるものも、それなりの思いがあるという観点から佐々木氏は出来るだけ高齢者の願いを聞き入れるようにしているという。

ある日、痴呆症のCさんが居なくなった。皆で探していたら、交番から連絡があり保護されていた。話をよく聞くと自宅に帰りたいということだった。自宅には誰もおらず、子供もいないので、閉めたままで、弟の家へ帰るようになっていた。大雨の後、Cさんは自分の家が気になりだして、帰りたいと言うが弟の家は心配ないと誰もが答えた。そこで、Cさんは一人で抜け出したが道に迷ったらしいという。希望をとり入れ家を見に帰ることにした。自宅は何事もなくCさんは安心したという。それからは、指導員が近くに行くときには、行きませんかと誘うという。あれからは何事もないのでCさんは落ちついて、帰りたがることも無いという。何かあると職員はCさんをコーヒーに誘ったり、お茶を飲みながらじっくり話を聞くそうである。
　高齢者を家族のように、同居者のように、生活する一人の人として大切に思っている。そしてゆったりとして時間に追われない介護がなされている。記録は高齢者と話しながらしており、寮母室では行わない。学生と一緒に施設を案内して頂いたとき、迷わず、この施設に就職したいと言う学生が何人かいた。このようなケアが出来るようになるまでには、スウェーデンに行き、また、スウェーデンから職員を招き、職員を教育の為に北欧に研修に行かせ、時間をかけてユニットケアやグループホームのケアに取り組み、寝る時間を削っても良いケアを広めたいという、佐々木氏、篠崎氏、武田氏、西谷氏をはじめ職員の皆さんにエールを送りたい。

第3節　ユニットケアで変わる施設介護

1．施設介護のあり方

　介護保険になって施設入所の待機者が大幅に増え、施設の利益も安定したようであるが、施設の介護のあり方について、今のままで良しとする施設と、より良い介護にしたいという施設に、大きく分かれてきたように思う。施設の職員が、自分達で、何とかしたいと考える人が多くなったことを嬉しく思う。
　3年前から福祉の専門職の講演や研修会に参加して、参加者に「施設に入っ

ても良いと考えるか」と聞くと、「自分は施設に入りたくない」という。私は、職員だからこそ、より良い施設を造ることが可能であり、自分が入りたいような施設を造らなければならないと考える。

2．今の介護の問題点

　介護保険になり、措置から契約になり、利用者や家族により自己選択が出来て、自己決定出来ることが、大きく変わった点である。自己決定したことにより、自己責任が発生することも、利用者や家族は意識しなければならない。

　今までの介護の問題点は、利用者の個別のニーズに合わせたケアになっていないと思う。本来のケアプランは、個別処遇を目指し、立てるようになっている。しかし、ほとんどの施設では、流れ作業式ケアに基づいたケアプランであり、一人ひとりの状態から発生するニーズに対応するケアプランを立案しているところは、少ない。

　厚生労働省はハーモニカ型の施設はユニットケアにはならないといっているが、古い施設であろうと工夫次第でユニットケアに近づけることはできると思う。もちろん、新設の施設は基準に従って欲しいものであるが、既存の施設も努力次第では、ユニットケアに近づけるものと考える。

　ハーモニカ型の施設であれば、施設の中ほどの場所に居間を造ることを考える。利用者は自分の部屋に居るのも良し、皆で居間に集まるのも良いとされている。部屋の仕切りをカーテンで行う場合、介護者はプライバシーの保護が出来ていると考えるかもしれないが、利用者からすると、カーテンを使用していても排泄時の臭いや音は気兼ねなものである。時にはカーテンを引くことにも隣の人に遠慮な場合がある。隣人が嫌な思いをしないだろうか、部屋が暗くなるけど良いだろうか等、気遣うのである。そうした気遣いが必要無いように配慮して欲しいものである。

　施設で利用者から「仕方ないのよ。職員は忙しいから構ってくれないのよ」と言われる。私も出来ることはさり気無く手伝うが、手を出せない場合も多くあり、何とかしたいと心を痛めることもある。きのこ老健では、関わりを大切にしており、利用者の人がそわそわし始めたら声をかけ、「散歩にでも出かけま

すか」と誘うと、利用者は嬉しそうに、身繕いをして出かける。介護者と利用者二人で外に出ると、景色や季節の変化についての会話がなされる。施設の中に居ると季節感があまり無い。嬉しそうに、ゆっくりと、周りを回って草花を摘んで帰る。小さな花瓶に生けて、楽しんでいる。これが生活するということだと思う。

　流れ作業式施設においては、朝起きて、食事をきちんと取り、入浴をして清潔になり、テレビを見て一日が終わる。しかも、テレビの台数が少なく、見たく無い番組を我慢して見るのでは、気の毒である。出来ればテレビも食堂に一台だけ置くのでは無く、何か所か置き、自分の見たいものが見られるような配慮があると、嬉しいのではないだろうか。

　まもなく、きのこ老健は十人のユニットになった。それぞれのユニットに、利用者の家族から頂いてきた箪笥やステレオやミシン等古い物や懐かしい物が増えてきた。居間と台所と高齢者が座れる場所が何か所も設けられている。利用者の居る場所が増えてきたのである。テーブルと椅子、ソファーとテーブルというふうに用途により、または気分で使い分けられる。また、植物や衝立で仕切られている。嬉しいのは家族がゆっくり話すスペースが何か所か有るということである。

　一般的には、面会室でいかにも面会に来たという雰囲気であり、皆の居るところでは落ち着かないことが不満であったが、ちょっとしたテーブルと椅子が有り、ゆっくりと話せるのは家族にとって面会に行きやすいと思う。

　短所は、夜勤の時の人数が少ないことである。職員数をある程度増やしても担当職員を固定するとローテーションの関係で夜勤者は幾つかのユニットを掛け持ちする必要がある。そのため、担当以外のユニットの利用者のことが十分把握できていないという不安が残る。

　昼間にしっかり対応していけば、問題行動といわれるものもほとんど無く、穏やかな時間が流れている。眠れない人は話に出て来て一緒にお茶を飲む。

3．施設介護で始まったユニットケア

　きのこエスポアールは痴呆専用の病院であり、介護療養型医療施設をユニッ

トケアに改装した。四人部屋を三人部屋に改装して、全室にトイレを設置した。戸には「便所」とプレートが付けられており、分かりやすくしてある。

各病室にも工夫がしてある。カーテンの仕切りが無いのが嬉しい。箪笥や衝立で仕切られており、ベッドに座ると自分一人の空間が持てる。部屋にテーブルと椅子が置いてあり、家族の面会に使用したり、利用者の食事や寛ぐ場所になる。病室の一つが居間に改装してあり、流し台があり食器棚を配置し、利用者の茶碗や湯のみが置いてある。食器乾燥機やポットがあり、家庭のダイニングキッチンのようである。

職員が記録を付けながら、高齢者と話している。テレビを見ている人もいる。椅子に腰掛けた人やソファーに寝そべった人等、思い思いの時間を過ごしている。ある時、利用者が職員を団扇で扇いでいた。一生懸命扇いでおり「いつも世話になるから扇いであげる」と真顔で言う。傍に行くと私にも爽やかな風を送ってくれた。

ある日、食後間もない時間帯であったが、利用者の二人が廊下のソファーで、もたれ合って寝ていた。微笑ましい姿に思わず笑ってしまった。

仲の良い二人が額を寄せ合ってベッドに腰掛けて話し込んでいる。

廊下には鏡が置いてある。箪笥の上の姫鏡台と姿見の鏡台がある。割らないだろうか心配な気がしたが、女性は時々覗いたり、身だしなみを気にする人もいる。

中程度の痴呆の人で、とてもお洒落な人がおり、いつも洋服や口紅に合わせたネックレスや指輪をしており、感心させられる。もう少し若いアルツハイマー病の利用者は、マニキュアも付け、服装とアクセサリーの使い方のセンスが素晴らしい。

徘徊の癖のある利用者が、そわそわし始めると、職員が「洗濯物を出すのを手伝って下さいと誘う。利用者は後ろを押してついて行く。廊下の隅の台の上に焼き物の金魚鉢が置いてある。中に小さい白い石を敷き、金魚とメダカを飼っている。利用者が壊さないか心配したが、嬉しそうに眺めているという。しかし、一度だけ、利用者が小石をなめていたが、出さないので飴と交換で吐き出したという。

盆栽を作るのが好きな利用者が、廊下の植木の葉を摘み取っていた。「汚い葉

を取り、水をやったから、これで元気になる」と言う。「私はよく枯らしてしまう」と言うと「持って来なさい。世話してあげる」と笑っていた。
　広い居間に行くと、おやつの時間が終わる頃であった。何人もの利用者が「惜しかったね。もう少し早かったらホットケーキが食べられたのに」と言うのである。「ここへ来て座りなさい」等、口々に誘ってくれる。かなり重い痴呆の人もいるが、普通の会話が出来ることもある。回診の医師に出会った。高齢者の集う所へ出向いて行き、和やかに話しながら、診察をしていた。利用者も寛いで話していた。介護保険になり拘束はほとんど無くなったが、利用者の尊厳を冒さない介護がなされていた。

4．グループホームにて
　グループホームは全室個室でトイレが付いている。部屋も個人に合わせ飾られている。シンプルに箪笥とテーブル・椅子の人、本棚や飾りや人形のある人、仏壇が置かれている人もいる。プライバシーも保たれるため、毎日面会に来る家族もいる。利用者や職員で食事の準備をし、盛り付けやおにぎりも出来る人が手伝う。ランチョンマットを敷く人、箸を並べる人もいる。
　家族も事前にお願いしておくと、一緒に食べることが出来る。時にはおかずを分け合って楽しく、賑やかに食べる。

5．施設から地域へ
　武田は、最近、「施設から地域へ」と言う。どんなに頑張っても、施設は施設であり家ではない。地域に家を借り、普通の家でデイサービスを行うことを試みている。「逆デイサービス」と言われている。普通の生活をさせてあげたい。出来るだけ自宅の生活に近づけたい。そうした試みが介護を限りなく進化させている。

第7章
介護保険時代における介護福祉を考える

第1節　訪問介護の業務のあり方—介護保険におけるヘルパー業務のあり方—

1．介護保険の始まる前の問題点

　介護保険の導入を目前にして、各地で介護認定のための審査が始まっていた。岡山県でも市町村を中心に医療機関、老人施設等で行われていた。訪問調査のデーターのコンピューター処理で一次判定を行い、さらに特記事項等を考慮して二次判定をする。その結果、要支援、要介護Ⅰ～Ⅴに区分される。その時身体上または精神上の障害があるため六ヶ月以上にわたり、日常生活に支障をきたす状態にある人が認定される。

　ヘルパーとしては、一人で生活していけない人は一般的には要支援者であろうと考えていた。ところが介護保険のモデル事業では、自立という判定がされた人も多く、今までの生活支援が出来なくなる恐れが出てきて、介護保険の実施主体の市町村も頭を抱えていた。

2．要介護認定はこれでいいのか

　加齢と共に物が噛めなくなったり、物がかすんで見える、足が痛く歩けない、座れない、あるいは物忘れをするということが増えてくる。家族がいれば家事は誰かがやってくれるので、生活には困らないかもしれない。しかし、高齢者が一人で生活していると、重い物の買い物は困難であろう。布団干しや掃除機をかけたり、高いところを拭くことも出来ない。家の中ではかろうじて歩けても、外出の出来ない人が通院等で出かけるとさは、付き添いが必要である。こ

のような人も、今の介護認定ソフトでは自立と判定される人が多くいると聞く。特記事項で書き込んだにしても、歩くことも排泄も、入浴も、食事も不自由ながら時間をかければ出来る人であれば、自立と判定されるであろう。市町村としては、このような人達で、高齢者のみの所帯や、独り暮らしの人に対し、自立となったから、ヘルパーの派遣は出来ないとはいえないであろうし、独り暮らしの高齢者には、派遣の実費を全額払えとはいいがたい。

　介護保険法の「訪問介護」とは要介護者又は要支援者であって、居宅や軽費老人ホームや有料老人ホーム等において介護を受けるものについて、其のものの居宅において介護福祉士その他厚生省令で定める者より行われる入浴、排泄、食事等の介護、その他の日常生活の世話であって、厚生省令で定めるものをいうとなっている。

　第2条では被保険者の要介護状態又は要介護状態となるおそれがある状態に関し、保険給付を行うものとするとあり、要支援者の保険給付を明記している。しかし要支援者の判定が厳しく、自立と出る人がかなりいるといわれている。この人たちもヘルパーが支えていかなければ生活が成り立たないと思われる。

3．ホームヘルパーの仕事とは

　一般的には①身体介護、②家事介護、③相談助言である。身体介護は重労働で大変であるとの認識は行き渡ってきている。では家事介護は簡単なものなのであろうか。ある人が家政学は体系化されていないから位置付けが低いと言われたがはたしてそうであろうか。たしかに単純に済ませられるものもあるが、利用者の生活を丸ごと考慮しないといけない場合もある。痴呆の人の場合は金銭管理や家族との調整、地域とのつながり、食事や被服管理等その人にあったきめこまかなケアが大切である。

　糖尿病で失明したり、腎不全になった人の場合、低血糖の兆候やケアの方法等の身体介護の方法も必要だが、カリウムを取りすぎないように野菜を茹で捨てたり、カロリーをどのくらい摂れるか、どのような果物は控えるべきかというふうに、食事の管理等家事援助の中にもさまざまな知識や工夫が要求される。専門家との連携も当然必要である。ヘルパーの仕事の複雑さをご理解頂きたい

ものである。

4．ホームヘルパーの仕事の方向性

　かつては滞在型がほとんどであり、仕事が終わり、時間があると、ゆっくり世間話をする余裕のある時代もあった。これからは効率よく仕事をこなすことが要求され、より短時間で巡回することが必要になるかもしれない。

　北欧では靴下を履かせるためだけに出掛けたり、食事の準備だけをすると次の家にいき、リハビリやデイサービスの送り出しに行くこともある。つまり必要なだけのサービスしかしない。何をするにも「出来ますか。」「どうしますか。」と尋ねている。高齢者も自分で出来ることは「自分でやれるからいいよ。」「自分のためだから、一人でしなきやあ、動けなくなる。」と積極的に行動する。ヘルパーも、じっと見守っている。手伝ったほうが早いけど、待っていて自分でして貰う。自立支援である。リハビリに、日本では想像つかないほどの時間をかけている。自分で動かないと寝たきりになる。核家族が当たり前の国だから、良くならないと自宅で一人では暮らせないことを認識しており、頑張っている。

　家族はあまり介護をしない。専門家に介護を委ねているといえよう。もし、同居家族が行う場合、高齢者の為に行った介護の時間を合計して、ヘルパーの時間給で賃金が払われる。一般的には介護はフォーマルケアで行うのが当然と考えられている。北欧でもずっと以前は施設で収容し、機能別でケアをしていたように聞く。しかし、人は一人一人顔が違うように、体の状態や、精神状態、生活歴、価値観等により、要求が大きく異なる。また、やる気があるのと無いのでも非常に違う。そこで、やる気を出して良くなれば自宅で生活しながら、社会活動に参加する。高齢者の出来ないことのみ援助する見守り介護や、部分介護が徹底している。

　高齢者自身も自己実現に向けて努力をするし、自己決定に対する自己責任を知っている。日本でも、時間がかかってもこのようなケアを心掛けるべきであろうと考えるが今すぐに受け入れられるであろうか。

　もしかすると冷たいヘルパーと言われるかもしれない。何でもしてあげるヘ

ルパーが、優しい良いヘルパーといわれるのかもしれない。事業所も何でもするように言うかも知れない。しかしケアプランに計画された仕事のみが支払いの対象となるとすると、逆に、金にならない仕事はしないようにという動きが出てくるかもしれない。しかし、時間をかけて、その人らしく生きて貰うための介護や、生活援助を心掛けるようなシステムにしていかなければならない。

5．介護保険が始まると

　滞在型のヘルプ業務は減少し、2～30分毎の派遣を1日何回か行うようになるといわれている。配食サービスも盛んになるであろう。民間のヘルパーがほとんどとなり、人気取りのため、なんでもみさかいなくしてしまう危険性がある。そうなると、単なるお手伝いさんになりはしないか憂慮される。長い時間をかけ、ヘルパーの質の向上をはかってきたのに、逆の方向に走ってしまいそうな気配である。そうならないように、ヘルパー自身が研鑽をかさね、より良い仕事ができるように努力を怠らないことが大切である。

　岡山県北部の市町村では、若者の流出が進み、過疎化、高齢化が止められずにいる。住み慣れた土地で、友人知人に囲まれて生活をしたいと思っていると、子供のところに行きそびれたり、高齢になり都会に引き取られても、部屋が狭い、生活のリズムが合わない等の理由で、帰って来る人も多い。しばらくは、近隣の援助で生活していても、限度があり、気兼ねをしてヘルパーの依頼となる。

　山の上で、買い物に行くにもバス停が遠く、店はもっと遠い。友人の援助も毎日となると、頼まれた人も、負担になってくる。行政としてはヘルパーの派遣なしでは生活が成り立たないと判断し、派遣決定をする。しかし、ヘルパーの派遣をしようにも今年の予算がなければ、十分な派遣が出来ないという。

　理由を聞くと、山奥は気象条件が厳しいため、車でないと移動出来ない。移動に3～40分もかかり、雪の日は特に大変だという。その為、登録ヘルパーは町中の便利の良いところでしか、活動できない。常勤、もしくは非常勤嘱託ヘルパーでも、1日に2～3軒しか訪問出来ないため、コストが高くつく。そうなると、施設入所のほうが、本人も家族も安心ということで、社会的入所がかなりあると言う。

6．施設から在宅介護に移れるか
　そこで、施設を出せる状況になっているか、施設の方に質問をしてみた。

1）　都市部
①不安はあるが何とかなる。
・自分の施設で訪問介護する。
・訪問看護や訪問介護が整いつつある（早出遅出、24時間対応型）
・重度の人がほとんど。
②本人が出ることを拒むので5年の経過措置を利用する。
・訪問介護だけでは本人の不安が解消しない。

2）　山間部
①本人が出ることを拒むので5年の経過措置を利用する。
・訪問介護が十分でない。
・すでに住む家の処分をしてあり家がない。（あっても住めない）
②住む家を確保する。
・ケアハウスを建てる。
・アパートを捜し、食事は施設で配食する。

3）　認定審査に問題はないか。
　自立と判定された人と介護度1の判定が出た人と、ときとして、どちらが重いのか戸惑うことがある。施設としては、逆に捉えている場合もある。
　自立と判定されてもヘルパーの数が足りないためたびたびの訪問は期待できず、退所を勧め、試験的に帰宅をしてもらっても、不安があり、とても今更一人では生活出来ないと言う人が多い。
　家に帰りたい、家に帰りたいと訴えるのは痴呆の人がほとんどである。施設にいて家に帰りたいと言う介護度Ⅲ～Ⅴの人も家族が働いていると、どうしても介護負担が大きく、帰れないのが実態である。そこで5年間の猶予期間は大切であることが理解出来る。

7．訪問介護（ホームヘルパー）が伸びない理由

　以前はヘルパーの給料の半分は国から補助金が出ており、県から4分の1、市町村は4分の1負担をしており、経営的にはあまり負担は大きくなかった。

　ところが、今は出来高払いで、2.5人以上でするとなると、介護のみだとなんとか採算があうが、家事が多いとどうしても採算がとれず、事業を始めることに戸惑い様子をみている事業所もある。

　今まで行政や、社会福祉協議会で委託していたヘルパーは、常勤や非常勤嘱託の人が多く、登録ヘルパーの賃金に食い込んでいる（表1、表2、表3参照）。

　このように都市部は常勤の割に登録ヘルパーが多いので料金が割と高いが、

表1　K市の場合

時間内勤務（9：00〜17：00）滞在型1時間未満			
身体介護	1,200円	交通費500円	
家事介護	1,000円		

表2　T市の場合

時間内勤務（9：00〜17：00）滞在型1時間未満			
身体介護	1,100円	交通費500円	
家事介護	850円		

表3　O市の場合

時間内勤務（9：00〜17：00）滞在型1時間未満			
新　人	身体介護	1,460円	交通費1,000円
	家事介護	990円	
2〜3年	身体介護	1,610円	
	家事介護	1,090円	
3年以上	身体介護	1,680円	
	家事介護	1,130円	
時間外勤務（8：00〜9：00、17：00〜22：00）			
新　人	身体介護	1,820円	交通費1,000円
	家事介護	1,220円	
2〜3年	身体介護	2,000円	
	家事介護	1,340円	
3年以上	身体介護	2,090円	
	家事介護	1,400円	

山間部は常勤が多く登録ヘルパーが少ないので料金が低い傾向にある。前にも述べたが採算がとれるかどうか危ぶむ人も多い。

しかし、特別養護老人ホームの経営するヘルパーステーションは仕事が少ないときやキャンセルが有っても、寮母の仕事がありなんとか出来るという。

介護にはベテラン寮母をあてており、営業もしっかり行われている。

社会福祉協議会のヘルパーも仕事に関する認識を変える必要がある。仕事を今までどおりにこなすだけでなく、仕事の質を上げる工夫や、その場の状況に合わせた介護や家事がこなせるよう、アセスメント能力を磨く努力が必要である。又民間の事業所のヘルパーとの競合や共働もしなければならず、ただ仕事をするのでなく、問題意識をもち、より良い介護や生活援助の家事を行う必要がある。

8．訪問介護の基本的な考え方

先般、厚生省から介護保険の介護報酬と訪問介護の基本的な考え方が出されたが、それをみると、報酬は回数毎に算定するとなっている。

1）身体介護型・家事援助型に分けるが連続的に提供した場合どうするか。
2）痴呆性の高齢者で「目が離せない」場合や、利用者のADLの維持向上・自立支援の観点から必要な場合であって、いつでも介護・指導できるような体制をとっている時の取り扱いをどうするか。

それぞれのタイプ毎に30分を単位として報酬を設定する。ただし、標準的なサービスの組み合わせ及び標準的な所要時間の目安を示すことにより、介護行為の内容を勘案したものとする。

①訪問介護サービス提供に不可欠な交通費については、報酬設定上、包括して評価してはどうか。
②離島等の移動時間が通常より多くかかる場合の加算：離島や山間部で移動に多くの時間が必要な場合（使用者の選択により、遠方の事業者のサービスを利用する場合を除く）加算を設け、加算部分は限度額に含めないこととしてはどうか。
③早朝あるいは夜間の訪問介護を実施した場合、加算を設けたらどうか。深夜

の訪問介護において、ひとり派遣とする場合には、従業者の安全等を図るための措置（警備会社への委託等非常連絡体制の整備）を考慮した加算を設けてはどうか。深夜の訪問介護において、上記の加算とは別に、2人派遣（2人分）を認めてはどうか。

④利用者の状況、サービス内容から、適当と認められる場合に2人派遣（2人分）を認めてはどうか。（体重の重い利用者に対する入浴介助等、暴力行為などの問題動がみられる利用者へのサービスを提供する場合）

このように訪問介護の費用の部分はかなり改善されてきている。深夜訪問も2人派遣がしやすくなっている。但し負担金は2人分徴収することになる。ヘルパーにとっても、2人派遣で行きやすいような配慮は有り難いことである。しかし、介護保険で1割負担となり、安くなる人と、今まで無料で派遣されていたのに今後は負担金が必要になる人が出てくる。

9．まとめ

このような制度が大きく変わる時には、ヘルパーも高齢者が利用し易いように、効率も考えながらも、必要なとき、必要なだけ派遣出来るような制度になるよう、努力する必要がある。自分たちの利益も必要だが、利用者の利益を考えるような仕事をして欲しいものである。そうすることにより、信頼される事業所になると思う。

第2節　介護の質を考える

1．ずっと考えていたこと

ホームヘルパーになって数年たった頃に、生活保護世帯と非課税世帯にしかホームヘルパーが訪問できないという事を知り、困惑した。

一部の金持ちには縁がないことかもしれないが、一般のサラリーマンや自営業の人達は勤勉に働いても、家族が病気や障害を持ったとき、自分たちの生活に支障をきたすことは多い。家族なので助けたり励ますことは当然であるが、

長期にわたる介護では、精神的な負担感や肉体にも異常をきたす場合が多くみられる。

そこで、中央研修に出かけたおり、仲間のホームヘルパーで話し合い、派遣の対象を拡大して頂きたいと厚生省の方にお願いした。

週2回2時間が標準であったが、独居の痴呆性高齢者の介護には間に合わないものであった。また、重度障害者の方も施設から自由を求めて在宅に帰る人がおり、訪問回数を増やさないかぎり安心して生活できない状態であり、制度を変えたいとホームヘルパー達でシンポジュウムを組み、国に働きかけてきた。

医療依存度の高い人達の在宅率が高まるにつけ、介護の質を高める必要に迫られ、ホームヘルパーの採用時研修が行われるようになった。今では、ホームヘルパーの研修を受けて採用される場合が殆どで、以前に比べ質の向上が図られたといえよう。

しかし、最近になってホームヘルパーの質の低下がよく言われるようになった。これには、原因が幾つかある。介護の過渡期であり、数を増やす必要は認めるが、質の低下を防ぐ方法や、介護保険の成熟を考える事としたい。

ヨーロッパや北欧、オーストラリアやニュージーランド等でも10年、20年という年月をかけて、福祉の充実を図ってきている。

日本でも、少し長いスパンで物事を考える方が良いと思うが、早急に充実させるには、施設介護と在宅介護は連動して考える必要があり、マネジメントのあり方が大切である。

２．介護保険になって在宅での変化

思ったよりホームヘルパーの利用が伸びていない。その原因を考えてみる。

①在宅で家に他人が入ることへの抵抗がある。併せて、他人に世話をされてくないと考えている人もいる。

②周りに気をつかっている。（近所から言われるといや）

③福祉の世話にはならない。（昔の福祉のイメージ）

④地域により訪問回数が少ない（在宅ではケアしきれない）

⑤一割負担で利用者のコストが高くつく。（施設へ入所するほうが割安になる）

⑥ホームヘルパーの質が落ちている。

　まずは、在宅について考えてみよう。ある程度、ホームヘルパーの経験が有る人なら介護が出来ると考えられるが、介護力の乏しいヘルパーも実際には多くいると言われている。その原因は今までのヘルパーが家事援助を主な仕事としてきたからであろう。家事も介護も整って、初めて良い制度と言えるが、いままでのノウハウを持つホームヘルパーが主任やケアマネージャーになり、登録ヘルパーばかりが現場にいるところさえある。登録ヘルパーばかりでは仕事がこなせないと思うが、登録ヘルパーが8割以上をしめ、訪問先に直接行き、訪問先から直接帰るため、報告が遅れることや、何かあっても問題と気付かない場合さえもある。

　問題が表面化しても、主任が電話指示で終わらせるため、他の登録ヘルパーの教育には生かされない。つまり一人の登録ヘルパーのみの学習でしかない。たとえ、非常勤であろうとも、短時間であろうとも、事務所での連絡や意見交換が生きた教育であり、利用者の情報交換無くして、ホームヘルパーの質の向上はありえないと思う。

　以前、ある都市で直行直帰を採用したときに、介護の質の低下は免れないであろうと心配したが時間的な束縛が少なく、楽だという話を耳にした。それは、熟練した人のことであり、新人には相談や指示が必要である。たとえ、短時間でも事務所に出て仕事に行くことが仕事の質の維持、仕事の均一化には欠かせない。

　しかし、介護保険になってからはコスト論ばかりが先行して、介護の質の維持が難しくなってきている。例えば体温すら計れない人が登録ヘルパーとして来たという話もある。あまりにも、レベルの低い話で、唖然とした。

　在宅で施設と同じように介護を行うならば移動時間も計算にいれる必要があり、状態により訪問回数の多い人もいると思う。重介護や難病の人には看護婦の派遣も必要な場合がある。ホームヘルパーに吸引や褥瘡の手当てを学ばせるという話も聞くが、保健婦助産婦看護婦法に抵触する。

　先進国では場合によっては看護師がヘルパーと同行してバイタルサインをチェックしてヘルパーが入浴させている間に次の訪問先に行く。このような例は

都市部で高齢者の多い地区では可能であろう。しかし在宅の充実を考えるなら、訪問看護師のあり方も考える必要がある。

3．介護保険になって施設での変化
　特別養護老人ホームの待ちが増えた
　①衣食住が賄えて、しかも利用コストが以前より安くなった。
　②介護保険により情報が得やすくなってきた。
　③施設により質の良いケアを行いたいという所がでてきた。
　④厚生労働省よりの発表で来年から新しく建設する特別養護老人ホームが個室になる。
　⑤ユニットケア方式の採用をする。
　以上のような話があちらこちらから聞こえてくる。介護に対する関心が大いに高まっているといえよう。
　施設介護について、介護の質を考えていきます。私もホームヘルパー出身であり、介護福祉士なので親しい寮母は多く、大変さは理解している。寮母はゆっくり話す暇もない。急いで仕事を済まさないとお茶も飲めないのが実情であり、何とか成らないものかと考えていた。施設では行事があり、日課があり、おまけに、週2回の入浴が義務づけられており、食事、入浴、食事と時間に追われている。
　あれほど働いても高齢者からみると、2日に15分間の入浴時は世話になるが後はお茶が飲みたくても、トイレに行きたくても待っていて下さいと言われてしまうのである。仕方がないと諦めるか、大きい声で呼び続けることになる。これでは高齢者も、介護者も満足することはない。この入浴を何とかしたいと、数年前から考えていた。教育の現場に入り、介護福祉士を教育するようになり、いっそう良い介護とは何か考えるようになった。そして高齢者も我慢するだけで無く、自分らしい生活が出来ないものか考えた。
　北欧の高齢者や障害者は特別に扱われるわけは無い。誰でも高齢者になるのだから、大切にはするけれど、自分で判断して生活を送り、責任は自分で取るものとされている。

特別養護老人ホームでも必要と言えば鍵は自分で持つことも出来る。朝起きないで寝坊する人もいる。その場合、静かに寝かせておくという。状態が悪い場合や気になる時は当然様子を見に行く。心配もなく、ゆっくりしたい時は、自分の希望がとり入れられる。鍵を掛けてゆっくり寝る場合もあるが、トイレの水が24時間流れない場合はブザーが鳴るようになっていて、鍵で開けることになっている。気になる場合はコールして話をするそうである。
　昼食もゆっくりと、自分のペースで食べることが出来る。食事のメニューは魚のサンドウィッチ2種類と肉のサンドウィッチを選んで食べるようになっていた。じゃがいものバター炒め、りんご、洋梨、ヨーグルト、牛乳、オレンジジュース、アップルジュース、バナナ、チーズ等が選んで食べられる。
　1階にレストランの有る施設ではワインに7種類の食事があり、注文をするとワインも自由に飲める。しかし医師からの注意を受けている人は1杯だけとか、制限がある。
　高齢者が生活を楽しんでおり、美容院や足のケアをする部屋があり、1か月に1回の割合で髪のカットやパーマがあてられる。
　痴呆の高齢者もいたが軽い人は見分けが付かなかった。しかし、重度の痴呆の人の部屋は大勢が訪問すると混乱するので見せていただけなかったが、10人の入所者に対し10人の職員が配置され、穏やかに生活出来るようにしてあるといわれた。
　しかし税金が高く、給料の30％から50％が引かれてしまう。高齢者の年金が13万円位が平均的なものといわれた。家賃が3万円から7万円位かかるが食費には消費税がかからないので生活には困らないそうである。年金の低い人にも配慮はされていた。
　若い人は共稼ぎが多く、仮に給料が一人25万円から30万円としても55万円の半額28万円位の収入になり、あまり贅沢は出来ない。どちらが良いとはひとくちには言えないが、高齢者や障害者には優しい国であろう。

第3節　高齢者介護のあり方

1．介護は皆で支えよう

　世界に類をみない急ピッチで高齢化が進み、介護の基盤整備が行われようとしている。家族が介護をすることが当たり前とされ、嫁や、娘が仕事をやめてお世話をしていた時代から介護を社会で支えていこうという介護の社会化がはかられた。福祉は低所得者の救済としての措置から、一般市民の契約の介護保険に変わったのである。

　今まで私たちが声を大にして、家族介護には限界があり、長いスパンでの介護の負担は介護者が先に倒れる危険性をはらみ、介護者の自殺や、心中というような悲惨な状況を招きかねないと、訴えていたことが認められ、かなり解決されてきたように思う。その表れとして、デイサービスの希望者は後をたたず、どこも満員で、入りきれない状態が続いている。介護老人福祉施設の入所希望者も介護保険前と比較すると、倍近く増えているように聞く。人気のある介護老人保健施設や介護老人福祉施設の入所待機者は百人以上もいると聞く。

　しかし、田舎に行くと、まだまだ人の世話にはなりたくないと、嫁や、娘、息子にしがみつく高齢者がいることも事実である。息子や嫁も60歳を過ぎ、介護の負担が大きく、デイサービスやショートステイを使用したいと考えても、頑として受け付けない人もいる。一方、介護保険で知人や友人がデイサービスやショートステイをはじめとする様々なサービスを利用しているのを知り、自分も利用することに抵抗感が無くなったと喜ぶ人も沢山いる。

　こうした状況から、介護保険は意義のある制度と思っている。

2．在宅介護で思うこと

　筆者はホームヘルパー出身であり、在宅介護を通して友人になり、より使いやすい制度になるよう努力をしてきた仲間がいる。仲間は熱き思いで制度を論じていて通じるものがある。そうした中で、やはり気になるのはより使い易い制度やサービスのあり方であり取り組み方である。

北欧でもホームヘルパーの効率化を考えてスポット派遣や、ローテーションも組み込まれている。ホームヘルパーは公務員であり、身分の保証がなされている。

　民間のホームヘルパーが良くないというのではなく、今のシステムでは常勤採用が少なく登録ヘルパーで対応している部分が多く見受けられる。日本の登録ヘルパーでは食べていくことが出来ないため、ホームヘルパーの3分の1以上は1年未満の職員となっている現状がある。つまり、入れ替わりが激しいのである。いつも、仲間たちが集うと、「昔は良かったね。お年寄りを、トータルに見て、ホームヘルパーの英知を使い、医師や看護師や理学療法士や民生委員や近所の人たちと連携を取り、生活を支える援助が出来ていたね。」と懐かしく話す。

　現在はどうであろうか。昔に比べて、生活をトータルに見てケアプランを立てるのは、マネージャーの仕事である。マネージャーが生活を見据える力があれば、問題は少ないと考えるが、本当に生活が見えているか不安が残る。

　岡山医師会の先生達はとても、謙虚で、「私たち医者は医療は分かるが、生活は見えてこない。ぜひ、いつも見ているホームヘルパーの力が必要だから協力して欲しい。」と言われていた。そして、ホームヘルパーや訪問看護と連携をとったのである。マネージャーが生活が見えていないとその人に合ったケアプランにはなりえない。マネージャーの自己満足に終わるプランになりかねない。利用者に最も適したサービスの組み合わせを作るという意識がまだまだ日本では熟していない。

　オーストラリアのHACC（Home and Community Care Act）ではマネージャーは制度やサービスについて熟知しており、自分の所属機関で出来ることと出来ないことを選り分けて、出来ない場合は他のサービスを紹介する。その時、公的サービスや民間で付加価値の付いたサービスやボランティア等その人に合ったものを紹介するのである。それが、利用者本位であり何よりも大切だと思っている。それ無くしてはマネージャとしての公平性が保てないと言う自負心を持っている。

　日本ではまだ、サービスの量も質も十分ではないように思う。良いものになるには10年ぐらいかかると思うが、出来るだけ早く良いものにしたいものと思う。

　ケアマネジャーについては机の前に座っての仕事に追われており、利用者の様子を見に行く時間があまり取られていない。つまりモニタリングが十分とは

いえない。持ち件数が多すぎるのではないか思う。マネージャー自信も仕事の多さに不満を言うだけでなく、携帯を持って外に出れば良いのだが、どうも外にはあまり出かけないように思う。すべての苦情や情報がマネージャーに集中するが、モニタリングをしていないので、うまくつながらず困惑している人もいる。もう少し制度やサービスを理解しないと上手くいかないように思う。

　ホームヘルパーの話に戻すが、このように慣れていないホームヘルパーばかりに任せて良いのであろうか。高齢者や障害者は時には体調が悪いときもあり、状態が急変する場合もある。こうした場合にベテランヘルパーなら、素早く見抜いて、医師や看護師に連絡するが、「大丈夫だ」といわれると重篤な状態でも見逃してしまいかねない。なぜ、こんな状態になってしまったのであろうか。

　ひとつは、ベテランのホームヘルパーが指導者やマネージャーとして現場から去ってしまった為である。そして、登録ヘルパーが増えたが、生活を支えるには賃金が伴わず、養成しても、定着できないで辞めてしまう。このような状況下では安心して年を取れない。

　登録ヘルパーが時間的に働きやすいと考える人には良いのだが、賃金が安い、もしくは不安定で生活を担うには不満があると考える人は、去っていく。一定数の常勤がいない事業所は質の担保に不安があり、お願いしたくない。せめて、4割は常勤で雇って欲しいものである。

　採用後の研修費が予算化されていると聞くが、十分活用されていないように思う。熱心な事業所では研修をして、職員を鍛えており、仕事も順調に増えている。これは、まだまだ一部の事業所のみで、利用をする立場からすると、心もとない気がする。ホームヘルパーの質の保証がなされることを切に望むものである。

　そのためには研修や勉強会が必要だが、国の予算はあるように聞く。県の補助も必要かと思うが、これらを利用して、現任研修をする必要がある。登録ヘルパーの質の担保に必要なものとして研修の義務化を希望する。

3．施設介護について

　11年前に北欧に行ったとき、自然でゆったりとした介護にカルチャーショックを受けた。日本の流れ作業の介護と違い、高齢者の自己決定権があり、でき

るだけ自分らしい生活をするために、残存能力を活かし、ゆったりとした介護がなされていた。帰ってから厚生省（厚生労働省）に行き、ぜひ、あのような介護にしたいものだと話したことがあり、どうしても利用者本位に介護をしたいと考えた。

でも、日本では、流れ作業式介護が主流であり、効率、能率的な介護しかしていなかった。「何とかしたい」、そう考えて、本を買って勉強を始めた。

教育の現場に入り、原因を探るために、実習に行くと、入浴の手伝いをしたり、水分補給をしながら様子を観察した。原因は入浴にあると、いうことが分かった。制度上、大勢の人を1週間に2回入れるために計画を立て、順番に効率よく入浴をさせる。人員配置が十分でないことにも起因するが、基準を満たし、入浴するためには順番を狂わせないで、次々に流れ作業で入れるしかないのであろう。時には2、3人がストレッチャーに乗せられたまま並んでいた。すごく悲しい気がした。よく見ると、ボタンをはめることが出来る人なのに、「時間がないからごめんね」とはめてしまい、慌しく部屋に連れて行く。このお風呂に原因があることはすぐに分かった。それは、ほとんどの施設で浴室を一か所しか使用していないためである。何か所かあれば、もう少しはゆっくり出来るのではないかと考えた。それに、入浴後の水分補給も慌しく、同じものを流れ作業式に飲んでいる。毎日入浴をして頑張っている施設もあるが、一般的には入浴日が月、木の人達と火、金の人達に分かれ順番に入る。普通、入浴の日は職員の仕事は、朝起こして、排泄、食事、入浴、昼食、入浴、夕食という感じで時間との競争である。他の人が排泄介助にまわる。職員は汗まみれで、水の一杯すら飲まないで、働きどうしである。ただ、黙々と作業をこなしている。

よく見ていると、利用者が寮母を呼んでいる。「寮母さん、寮母さん、ちょっと来てください」。入浴担当の寮母は「ごめんね。今忙しいの。入浴だから…」と言いつつ入浴の誘導に追われる。確かに忙しいのは分かるが、利用者にとって、その、忙しい日の入浴に関わってもらうのは15分なのである。後は放って置いてよいのだろうか。高齢者には、納得のいかない関わりしかしてもらえていないので不満を押し殺す。

水を飲みたいのは今なのであり、背中が痒いのはいまなのである。トイレに

行きたいのは今なのだから……。これにはさまざまな要因があり、誰の責任だといえないのだが、自分が介護をされるとなると仕方がないでは済まされないような気がする。

　その良い例が、福祉関係者のセミナーで、「施設に入所したい人」と聞くと、入りたいという人は一人もいない時もある。しかし最近は入所しても良いと言う人が増えてきている。

　高齢になると、思いがけず病気や怪我で要介護状態になるというリスクが高くなり、自分だけは介護は必要ないと言い切れる人は少ないと思う。その為にも、自分が受けてもいい介護にする必要があると考える。

4．どのような福祉社会を望むのか

　医療依存度の高い老人や障害者は自宅に帰りたくても、自宅での受け入れが十分ではない場合がある。受け入れたくても介護者も高齢で介護が出来ない場合や、利用者本人が自宅での生活に不安がある場合、介護福祉士や看護師が常駐し、生活できるアパート等も含め、施設の充実を図って欲しいと思う。外国のように古くなった団地のひとつを改修して施設を作るのも一つの方法と考える。

スウェーデンの施設の老人
灰色の服の人はいない。ブルー、白、ピンク、赤などの服が多く、美容室に通い身ぎれいにしている。

デイサービスで食事を待つ夫妻

　施設の絶対数が少ないため、施設利用者の状態が良くなっても、家族が退所を認めにくい。退所した場合、また入所の必要時に入れない為、退所をさせられないのである。そのため、家族が入所を勧めても泣きながら見捨てられたと訴えるのである。こうした状態から抜け出すためには、介護の量も大切だが、質の充実に努めたいと思う。

　ホームヘルパーの質向上のための雇用条件の改善が急がれる。また、施設のケアのあり方に関わる問題として、職員の3分の1以上は介護福祉士の有資格者を配置するとか、介護福祉士資格をすべて試験制度にして、格上げする必要を感じる。最後に施設ケアは、自分らしい生活が出来る場所にする為に、意識改革が必要だと思う。

第4節　介護保険の導入により変化した施設介護

1．北欧の介護と日本の介護の違い

　11年前に北欧のスウェーデン、ノルウェー、デンマークの北欧3カ国を視察した際に高齢者が生き生きと生活している様子を見て、激しくショックを受けたことは前に述べたが、それが今の考えに大きく影響している。

　高齢者がゆっくりと自然な動きで、のびのび生活しており、日本の施設入所者とは明らかに表情が違っていた。基本的な介護に対する考え方が日本とは違っていた。その当時は十分理解が出来ていない部分もあったが、研究するに従い、どうしてもこのような介護に近づけたいと強く思うようになった。

　日本では流れ作業的な介護であり、利用者本位の介護とは言いがたく、職員同士がお互いを気遣うのが当たり前ともいえる介護であった。仕事をする上で、職員が仲良くするのは良いことだが、高齢者への思いや気配りが優先するべきではないかと強く感じた。北欧のような良い介護するには職員の数も欠かせない条件と思い、厚生省（その当時）に立ち寄った時、職員の増加が必要であると強くお願いした。職員は増やそうと考えているとの返事であった。7年後、介護保険でやっと増員となった。

2．良い介護を求めて

　約9年前、教育の現場に入り、施設介護を北欧のようにするためには何を変えるべきか考えた。もともと、ホームヘルパーであり、介護福祉士である筆者にとって、介護の仕事は大切な仕事であるにもかかわらず、社会で、正当な評価を受けていない側面があると考えていた。高齢者の人生最後のステージを援助する場合もあり、障害を持った人にとっては命を繋ぐ役割を担い、孤独な人の心の支えともなる存在である。そうした立場にたって初めて理解される人もいるが、正当に評価して頂くためには、介護者の都合で介護することなく、利用者の気持ちに沿った介護にしたいと考えていた。問題点を突き止め、改善策を出さないといけないと考えた。

廊下も居間に

　そこで、実習の巡回指導に行き、学生が現場実習をしている合間に現場に入れて頂き、一緒に入浴後のドライヤーかけや、水分補給を援助しながら観察をした。大きな問題点は入浴と排泄と食事であることが判明した。しかし、ほとんどの施設の職員は機能別の流れ作業に何の疑問も持っておらず、いつ話したら良いのだろうかと迷った。受け入れてもらえるだろうかと悩んだあげく、学生にはよい介護をする必要性は話したが、現実の施設介護とはギャップが大きく混乱を起こす恐れがあり、そのタイミングが難しかった。学生は純粋であり、実際、実習施設に行き、現実とのギャップを受け止めきれない場合があり、理解させることは非常に困難だった。しかし、教育でより良い介護を追求する視点を持たせなければいつまでたっても今の介護を変えることは出来ず、苦労はあってもきちんと教えたいと考えていた。

3．共感を覚える介護職員の熱心さ

　S園の職員と知り合い熱心さに共感を覚えた。園を良くしたいという情熱が感じられた。きのこ老健に行きたいと言うが、利用者にとっては生活の場であり、大勢で行くことは好ましくないと思った。しかし、百聞は一見にしかずで、よいものを見ることはヒントを得ることと考えた。きのこ老健の施設長篠崎人理氏にお願いし、特別にご配慮して頂いた。S園の職員は、数人ずつ休暇を取り、自費

で行ったようで、熱心さに感心した。少しでも協力したいと思っている。

T園は実習施設であるが、失礼なことをしてしまい、お詫びに伺ったときユニットケアをしているということで、見せていただいた。始めて9か月だったが、かなりうまく行われており、高齢者の表情が穏やかであった。こうした介護を福岡でも広めたいものと考えた。そこで無理なお願いをした。パイオニアとして他の施設の人にも見せて欲しい。後に続く人のためにアドバイスをして欲しいと勝手なお願いをしている。T園の職員はとても前向きで、工夫をすることを惜しまない。行くと何処かが変化しており進化している。重い認知症の人同士で馬が合い、いつも一緒にいる。話はかみ合わないが、お互いに頷き納得しあっている。なんとも不思議な光景だが楽しそうに話しているのを見ると妙に落ち着き座り込んでしまう。同じ話を繰り返し、楽しい時間が過ぎていく。職員が「さぼっているようで…」と言うが必要なことがこなせれば仕事に追っかけられることはない。

要求の多い人に目を向けると訴えの少ない人に対し申し訳ないと考える人もいる。それは、今までの流れ作業的発想であり、平等の必要は無い。ただし、訴えの少ない人こそ職員が意識して関わる必要があり、平等でなくて良いが忘れてはいけないのである。

T園では移動できない寝たきりの高齢者のベッドにお姫様カーテン（そう呼ぶことにしている）を付け、一人一人の空間を保障している。

車椅子のフットレストにズボンを引っ掛けるのを防ぐため、カバーをキルト布で作っている。また、レッグレストのところも足が落ちないようにガードが付いている。

食事は厨房で作られるが、おやつの時間にはユニット毎に工夫をこらし、利用者と一緒に作っている。焼き芋や、ホットケーキやお焼き、ぜんざいなどが作られる。香ばしい匂いが漂い、おやつが出来ると誰もがやって来る。移動できない人は職員が移動する。コーヒーやお茶が用意される。一気に入れて配るのではなく、入れた順番に3〜4人毎に配り、皆でおやつの時間を共有する。順番を待ちながら楽しそうに話し、分け合う姿は自然でゆったりしている。かなり認知症が進んでいる人もお互いに分け合い、譲り合う姿が見られる。家族

が芋を持参すると焼き芋パーティーとなる。家族も一緒に楽しむ。漬物が大好きな人が「漬物が食べられたらいいな」としきりにつぶやいていると、職員により、小さな器に用意されて出てくる。「醤油をかけたら美味しかろう」と言うので、筆者がほんの少量の醤油をかけた。とても嬉しそうに目を細めて食べている。「美味いね、美味いね」を連発しながら食べている。もちろん、利用者に合わせて細かく刻む配慮は忘れない。職員が一人ひとりに心を寄せていることが嬉しい。ラーメンが好きで時々美味しそうに食べている人もいる。ゆっくり、ゆっくり自分のペースで口に運んでいる。「おいしいですか」と尋ねると「うん」と答え目を細めて、休まず箸を運んでいた。普通の生活とはこうしたものであろう。

4．高齢者の生活と自立支援

　生活の継続性とは、特別な日は少なく、自分が自分らしく生きたいと思うことに近づけることこそ大切なのであろう。自分が普通に振る舞えることが大切なのである。

　出来るだけ自分で出来ることはするという考えが必要で、すぐに手を出してしまう時間に追われた介護は間違っているように思う。自分で頑張らないと生きていけないことを少しずつ理解する必要がある。介護者は介助は必要であるが過剰に手を出さないことも必要である。

　自分で決めることであり、自ずから自分に責任がついて回るといえるであろう。ところが、日本では自己責任についての意識は低く、職員は事故が起こることを恐れている。事故を恐れるあまり消極的である。北欧では24時間ドアが開いている施設もあれば、ナーシングホームでも自分でドアの鍵を掛ける高齢者もいる。朝起きたくなければ遅くまで寝ている。心配な場合コールをするか訪ねるが、ゆっくりしたい時は認められる。24時間トイレの水が流れないとセンサーで知らせるようになっており、必ずマスターキーで開けて入るようになっている。自分らしく生きるためには多少のリスクはある。ただし、職員全員

が休憩時間と称していない時の事故は説明の仕様もなく、傍にいて関わっていての事故とは自ずから異なる。きちんと説明のつく対応こそが大切であろう。

第5節　人間福祉のための介護福祉の将来像に向けて

1．人間とは

　人間は生れ落ちてから、短期間でさまざまな学習をし、成長を続ける動物である。身体的には20歳ごろをピークに衰えてくるが、精神的には限りなく成長すると言える。

　特に精神的なものは周りの環境（社会的側面）に大きく左右され、豊かな愛に包まれて成長しなかった場合には感性豊かなバランスの取れた人間には育たない。これが人生の大半に、大きく影響を与える。

　高齢になり物忘れが始まり、身体的にも衰えが目に見えてきても、心は常に生きている。

　何も訴えられなくなろうとも、僅かの訴えが感じられることもある。

　失語で話せなくても、ふとしたことで気持が通じることがある。頷くだけでにっこり笑ってくれる。認知症の高齢者同士が話しているが、ちっとも話がかみ合わず、思わず笑ってしまうが、同意を求められ頷くと「そうそう」と嬉しそうに微笑む。周りで見ていると変だが、二人はいつも一緒で、仲が良い。相性が良いのであろう。相性の良い人とは、何でも許しあえるが、相性の悪い人とは話がいき違うものである。誰でも生きている限りは、認められ、尊重されたいと願うものである。そして、僅かでも、生きている限りは楽しみが必要である。どんな状態においても生きているという実感はいるであろう。

2．福祉とは

　福祉とは幸せと言う意味合いを持ち、その人が、自分は幸せと感じられることである。

　世の中が平和であるという事が前提条件ではあるが、高齢者が遠慮をしなが

ら、何も言わずに我慢をしていることを分かって欲しいと思う。高齢者も障害者も私たちと同じで、特別な人ではない。たまには、自由に気儘をしたいときもある。自分で生活が出来るときには思いもしないであろうが、人の世話になると言うことは、気兼ねで手が届かないもどかしさがある。

　痒い時に誰かに掻いてもらっても、何処か違うと感じることに似ているように思う。痒い所に手が届くことこそ、福祉の原点であろう思う。ただ、痒い所に手が届くというが、過剰サービスはしないで頂きたい。出来ることは自分ですることが、やる気にも繋がりADLの維持、向上にも繋がる。

　カナダでもヨーロッパでも、自分で出来ることは自分でするということが非常に徹底されている。それは自分のためだからという思想が貫かれている。

3．自己責任の考え方

　日本では事故があるとすぐに施設や病院が悪いという感覚で責任を追及するため、事故を恐れるあまり、長年にわたり、過剰サービスをするか、出来るだけ何もさせないで、寝かせ切りを生み出してきた。

　どんなに気をつけていても事故は起こりうる。そうした時、事故の起きた状況と、その後の対応がカギとなる。きちんと利用者や家族に報告が出来るかどうかである。その時誰もが休憩していて少しも気付かなかった場合、言い訳に終始し、説明が出来ない場合は、トラブルになる可能性が有る。しかし、介護の職員だけを責めるのも少し違うように思う。利用者も自分で決定して行動したことに関しては、自分にも責任があるといえよう。

4．介護の方向性

　一人ひとりが生きていると言う実感を持ち、どのような状況の中でも幸せと感じられるような介護をして欲しいと願っている。

　さまざまな高齢者の住宅、住まい、施設などが規制緩和で新しく出来ている。
　全室個室の新型特養（熊本市のくわのみ荘）を見てきたので報告する。
　まだ半分だけしか完成していなかったが、モダンなデザインの介護老人福祉施設であった。残り半分を建設中であった。色々な所に工夫してあるのが、分

かり嬉しかった。女性の施設長で、豊かな感性で取り組みに新鮮さを感じる。逆デイの民家が近くにある。職員のために学童保育も整えてあった。

　半分しか完成していないので、とりあえず二人で個室を使用している。個室には全室にトイレが設置されている。これが大切な要素と考える。トイレが遠くにあると、どうしても排泄のための移動歩数が多くなるため、間に合わない。職員の忙しさとあいまって、排泄はオムツでするようになる場合が多くなる。トイレが部屋にあることにより、くわのみ荘では、オムツが外せ、トイレでの排泄が上手く出来ている人が増えてきている。オムツやパットをしていても、安心や用心のためであり、オムツの中にするのが当たり前でなくなることが、思いがけず、良い方向に導いていた。

　食事も厨房でなくユニットで作るようにしてあり、栄養士や厨房職員も介護や調理に精を出していた。ご飯を炊く匂いや味噌汁の匂いが高齢者に良い影響を与えていた。ユニット毎の食事であるが、味付けがあまり変わらないように管理栄養士がチェックする。

　浴槽が各階に設置され、ゆっくりと入浴出来る。脱衣所にもベッドが入れられていた。リフト浴槽や一般浴の浴槽があり、2階には特殊浴槽が設けられていた。ゆっくりとした入浴が高齢者の憩いの場所となるであろう。厨房職員の頑張りや看護師の援助が介護職員を助けている。残りの半分は障子や畳を入れ和風にされるみたいである。

　冷暖房もエアコンで放射冷暖房HR－Cシステムを採用してある。分かりやすく言うとオイルヒーターのようなものである。風が出ないので風邪を引く人が減ったそうである。夫婦で入所しても2つの部屋があるのは嬉しく思った。半年後の完成が楽しみである。

　何より大切なことはお年寄りの個性を知ることであり、寄り添うことにより見えてきたことが沢山あるという。利用者に出来るだけ、寄り添うことが自立に繋がり、自分らしい生活に繋がってきているのである。

5．報告しておきたいこと

　きのこグループの発表会に参加した。頻繁に行かせて頂くが、久しぶりに会

う卒業生も居て、成長している姿が頼もしく安堵する。

　発表を見て感じたことは、それぞれのユニットが、お互いの良いケアを認め合い、自分たちのケアに生かそうとしている。しかし、利用者の状態や状況が何時も同じではないので、参考になる場合も多いが、そのままは使えるとは限らないことは承知している。その人らしい生活を担保すると、思いがけない言葉やしぐさが見られることがある。今まで気が付かなかった自然の微笑や笑いが見られることがある。これこそ、介護の醍醐味である。その一例を紹介したい。

　利用者が家に帰りたいと言うので職員と一緒に帰った。近所の人々が集まり、一緒にコーヒーを飲んで談笑する。芍薬の花が咲いていると、「これを持ち帰り、皆に見てもらおう」などと話が弾む。

　今度は施設に来て貰う約束が出来、車で迎えに行くという。こうしたことは、他のユニットでもやっている。お寺やお宮参りに同行する場合もある。

　次にあるデイサービスのことも紹介したい。

　地域に溶け込み、介護者が仕事を楽しむことが、利用者にとって楽しい場所となるとの考えで楽しい職場となっている。

　おやつ作りコンテストを行い、アイデアを出し合い、工夫をしている。喫茶にも近所の人も自由に出入りできる開かれたデイサービスである。

　ある昼食の後、利用者と介護者が話していると、高齢者が「肩がこる」と言われ肩をマッサージした。高齢者が「疲れただろう、ここで休み」と言うので横に座り話しているうち、二人で昼寝をした。介護者は10分くらいで起き、利用者に膝掛けを掛け、仕事に戻った。これを咎める職員はいない。「くつろげる雰囲気作りが出来た」と評価している。これこそユニットの精神である。

　認知症の人は、短期のショートステイだけでは間に合わない場合もあり、長期に利用する人もいる。そうした利用者の一人、79歳の女性Lについて紹介する。Lは毎日、「息子に騙されて連れてこられた」と不信感を募らせ、「自殺する」が口癖である。ショートステイの職員は何とか気持を理解しようと希望に沿う介護を始めた。朝食はアップルパイとキウイフルーツとバナナ入りヨーグルトを用意する。「メガネが無いから自殺する」と言われ家族と相談のうえメガ

ネを購入する。「家に帰りたい」という要望には相談の上、思いきって帰宅してみる。家族も職員も自分を理解し受け入れてくれているということで、やがて穏やかになる。Lの言葉の重みを職員は強く感じていたので伝えておきたい。「我儘言っているのは分かっている。今まで自由気儘に生きてきたのに無理やり施設に入れられた。規則規則で身動き出来ない、こんな所に放り込まれて…牢獄に入れられたと思ったが、そうではなかった。ここに居るのも悪くない」と今ではショートステイやデイサービスを楽しんでいる。

6．最後に

有料老人ホームで悠々自適の生活を楽しむ人も多くなってきた。

厚生年金の審議が行われ出来るだけ不平等感がなくなるものと思うが、確実に介護に対する考え方が変化してきている。まだ、3割くらいしか良くなっていないように思われるが、様々なサービスが増えてきた。住み方も団塊の世代くらいになれば、快適性を求め、住み替えに抵抗は少なくなると考える。付加価値の付いたサービスや安価なサービス、手ごろなサービスと多くの選択肢から選ぶことが出来、自分らしい生活が出来るようになる時代が来るであろう。そのためには、介護職も研鑽を重ね、他の専門職に、引けをとらない専門職として一人立ちしなくてはならない。

ちなみに全室個室ユニットケアの料金設定は4万円くらいから6万円くらいのようである。当然のことだが生活保護や低年金の人への配慮も忘れないで頂きたい。

参考文献

1 ） 外山義・武田和典「ユニットケアのすすめ」筒井書房　pp23〜23、p74〜76
2 ） 佐々木健・西谷達也「痴呆の常識非常識」日総研　pp 6 〜 7
3 ） 西谷達也「施設革命」筒井書房
4 ） 下村恵美子「98歳の妊娠」
5 ） 川口よね子他「絵で見る介護技術」福祉教育カレッジ、2000年
6 ） 住居広士「医療介護とは何か」金原出版、2004年
7 ） 鈴木肇代「医学大辞典」南山堂、1998年
8 ） 介護技術全書編集委員会編「わかりやすい介護技術」ミネルヴァ書房、2003年
9 ） 中央法規出版部編「介護福祉用語辞典」中央法規出版、2000年
10） 日本ケアワーク研究所監修「見てよくわかるリハビリテーション」介護技術、2002年
11） 長寿社会開発センター「居宅サービス計画書作成の手引き」2003年
12） ミネルヴァ書房編集部編「社会福祉小六法」2003年

■著者紹介

山岡喜美子（やまおか　きみこ）

昭和41年3月　　杉野女子大学短期大学部被服科卒業
昭和53年4月　　倉敷市水島社会福祉事務所家庭奉仕員
平成元年3月　　佛教大学社会福祉学部社会福祉学科卒業
平成8年4月　　特別養護老人ホーム東寿園
平成9年1月　　新見公立短期大学教授
平成14年4月　　第一福祉大学人間社会福祉学部助教授

介護福祉士資格登録

主な著書
平成11年6月　　わかりやすい介護技術（ミネルヴァ書房）
平成12年5月　　介護技術の基礎と実践　ホームヘルパー講座2級過程（日本医療企画）
平成14年11月　　ホームヘルパーのためのわかりやすい介護技術（ミネルヴァ書房）

人間福祉の視点から介護福祉を考える

2005年4月30日　初版第1刷発行

■著　　者──山岡喜美子
■発 行 者──佐藤　守
■発 行 所──株式会社 大学教育出版
　　　　　　〒700-0953　岡山市西市855-4
　　　　　　電話(086)244-1268(代)　FAX(086)246-0294
■印刷製本──モリモト印刷㈱
■装　　丁──ティーボーンデザイン事務所

ⓒ Kimiko YAMAOKA 2005, Printed in Japan
検印省略　　落丁・乱丁本はお取り替えいたします。
無断で本書の一部または全部を複写・複製することは禁じられています。

ISBN4-88730-618-0